利率波动下的资产管理：
全球趋势与创新实践

ASSET MANAGEMENT AMID INTEREST RATE VOLATILITY:
GLOBAL TRENDS AND INNOVATIONS

孙丹　田伟杰◎著

中国金融出版社

责任编辑：张菊香
责任校对：孙　蕊
责任印制：丁淮宾

图书在版编目（CIP）数据

利率波动下的资产管理：全球趋势与创新实践／孙丹，田伟杰著． —— 北京：中国金融出版社，2024. 10． ——（中欧陆家嘴智库丛书）． —— ISBN 978 – 7 – 5220 – 2604 – 6

Ⅰ．F20

中国国家版本馆 CIP 数据核字第 2024PJ2003 号

利率波动下的资产管理：全球趋势与创新实践

LILÜ BODONG XIA DE ZICHAN GUANLI：QUANQIU QUSHI YU CHUANGXIN SHIJIAN

出版
发行　中国金融出版社

社址　北京市丰台区益泽路 2 号
市场开发部　（010）66024766，63805472，63439533（传真）
网上书店　www.cfph.cn
　　　　　　（010）66024766，63372837（传真）
读者服务部　（010）66070833，62568380
邮编　100071
经销　新华书店
印刷　涿州市般润文化传播有限公司
尺寸　185 毫米 × 260 毫米
印张　9
字数　161 千
版次　2024 年 10 月第 1 版
印次　2024 年 10 月第 1 次印刷
定价　39.00 元
ISBN 978 – 7 – 5220 – 2604 – 6
如出现印装错误本社负责调换　联系电话　（010）63263947
编辑部邮箱：jiaocaiyibu@126.com

编委会

总　序

2024 年适逢中欧国际工商学院（以下简称中欧）校庆 30 周年。作为中国唯一一所由中外政府联合创建的商学院，中欧历经 30 年砥砺奋进、不懈创新，已经从西方经典管理理论的引进者、阐释者，逐渐成长为全球化时代中国管理知识的创造者、传播者，不仅建成了一所亚洲顶尖、全球一流的商学院，也构筑了中国和欧洲乃至世界经济文化交流的平台，被中国和欧盟的领导人分别赞誉为"众多优秀管理人士的摇篮"和"欧中成功合作的典范"。

30 年来，中欧秉承"教研并举、学术和实践并重"的导向，在学术研究上持续创新突破，开创了"学术研究＋实境研究"双轮驱动模式，持续提升"2＋4＋X"① 跨学科研究领域和重点前沿领域的学术实力，构建产学研融合发展新生态。中欧将"构建学术高峰"确立为八大战略之一，打造跨学科研究高地，广泛提升学术影响力。

为更好服务于上海国际金融中心建设国家战略，推动中欧成为建设上海国际金融中心的"人才库"和"思想库"，在上海市政府的大力支持下，中欧与上海陆家嘴（集团）有限公司于 2007 年 10 月共同发起创办中欧陆家嘴国际金融研究院（以下简称研究院）。研究院的创办与发展，恰是中欧高端智库建设的一个缩影。研究院定位为开放、国际化的学术交流平台，依托上海作为国际金融中心的有利条件，积极研讨新发展格局下金融开放与服务业发展的机遇和路径，致力于为金融机构、金融监管部门及广大金融投资者、消费者提供一流的研究、咨询和培训服务，成为建设上海国际金融中心和推动金融机构、企业实施"走出去"战

---

① 2021 年，中欧院长汪泓提出打造"2＋4＋X"跨学科研究高地的目标，致力于成为解读全球环境下中国商业问题的权威。"2"指案例中心和陆家嘴国际金融研究院；"4"指四大跨学科研究领域：中国与世界，环境、社会和治理（ESG），人工智能（AI）与企业管理，以及卓越服务；"X"代表研究中心、研究院和其他重要研究领域。

略的智囊团。

研究院与时偕行的 17 年，正值上海金融深化开放和蓬勃发展的重要时期：上海的金融机构从单一转向多元，金融资源配置从国内走向国际，金融改革创新从单点突破迈向系统集成；在夯实国内金融中心地位基础上，上海已基本建成具有全球影响力的国际金融中心。

作为以服务国家金融发展战略为核心目标的智库机构，研究院始终牢记初心使命，持续躬耕前行，取得了"可圈可点"的阶段性成果：累计立项承接 160 多项上海金融重点委托课题，协助筹备数届"陆家嘴论坛"并举办 160 多期"中欧陆家嘴金融家沙龙"，提交决策咨询专报 200 多份，出版数十部学术报告和专著，在各大主流媒体刊发数百篇经济金融热点解读文章。

研究院始终紧扣时代脉搏，跟踪研究全球金融市场和上海金融发展前沿问题。近年来，伴随"一带一路"倡议的提出和上海国际金融中心建设迈向更高能级，研究院在传承的基础上赓续前行：2017 年设立"中东欧经济研究所"，2021年研制发布"全球资管中心评价指数"，2022 年发起成立"中欧陆家嘴金融 50 人论坛"……眼前呈现的这套中欧陆家嘴智库丛书，亦是研究院 2024 年一次别有意义的创新"试验"。从策划选题到交出书稿，大家在各项日常研究工作不打折、不走样的前提下，自我驱动，在不到半年时间交出了不错的答卷。

一片冰心在玉壶。这套丛书，献给中欧 30 岁的美好年华，也献给上海国际金融中心建设的奋进时代。

前　言

　　近年来，全球经济环境变化加剧，尤其是利率波动深刻影响了全球资产管理行业的格局和投资策略。本书提供了主要资产管理行业全球趋势和创新实践的一个观察视角。

　　本书分为开篇、上篇和下篇。开篇从宏观角度着眼于利率波动对全球资产管理中心的深远影响，是全书的基础分析。本篇首先回顾资产管理的演变历程，阐述资产管理中心的崛起及其关键要素；其次描述自 2020 年以来全球利率环境的变局，探讨利率变化中的四个阶段和地理差异；最后重点研究利率上升对资产管理中心的影响，从投资策略、资本流动和资产配置等多个角度进行理论与实证分析，揭示利率变化对资产管理规模的重大冲击。这部分内容为后续各篇章奠定了理论基础。

　　上篇是利率波动下的资产配置趋势。养老基金是世界各国为应对"人口老龄化"时期社会保障财政支付缺口而进行的战略储备，更是资本市场中重要的中长期投资者；主权财富基金的规模仅次于养老基金，其策略和行为对全球金融市场有着深远影响。本篇首先探讨了全球养老基金的格局变化，分析四个大型养老基金在资产配置和投资策略上的动态调整；其次深入探讨主权财富基金在推动货币国际化中的作用，分析揭示中东主权财富基金通过资产配置、双边贸易和跨境人民币使用推动人民币国际化的实践；最后探讨了中国理财行业净值化转型的效果和趋势，为投资者提供观察中国资管市场的特定视角。

　　下篇是利率波动下的资管创新实践。近年来，可持续发展成为全球关注的焦点。本篇首先讨论可持续资管产品的崛起与挑战，介绍全球可持续金融的发展格局，比较可持续资管产品与传统资管产品的异同，探讨其披露标准及国际合作中的新挑战；其次深入研究另类资产配置在高利率环境下的发展趋势，涵盖私募股权、信贷、对冲基金和不动产投资信托基金（REITs）等主流另类资产；最后深入剖析本轮能源危机的成因及其对国际金融市场的影响，从而更好地了解能源类大宗商品在多元化资产配置中的重要角色，以及作为避险工具的独特价值。

　　本书力求为读者提供一个系统而全面的视角，深入理解在当前高利率经济环境下全球资产管理行业的演变与前景。本书第一章由中欧陆家嘴国际金融研究院研究员田伟杰博士和孙丹博士共同执笔，第二章、第三章和第五章由孙丹博士执笔，第四、第六和第七章由田伟杰博士执笔。

　　随着全球经济环境的不断变化，资产管理行业也将迎来更多挑战和机遇。希望本书能为学术研究、政策制定以及实务操作提供有价值的参考和启示。

孙　丹　田伟杰

目　　录

开篇

利率波动对全球资产管理中心的深远影响

第一章　利率波动对全球资产
管理中心的深远影响

通过梳理航路开辟后募集资金模式在荷兰的起源、工业革命后基金运作模式在英国的推广和蓬勃发展，以及信息革命后资产管理在美国的现代化演变，了解资产管理的演变和资产管理中心的兴起。现代全球资产管理中心是集聚了大量资产管理机构、管理着巨额资产规模的国际金融中心。在新冠疫情之后，各中央银行和货币当局不断调整货币政策以应对经济波动，显著影响了全球金融格局，对全球资产管理中心产生了深远影响。本章探讨了 2022 年以来在全球利率高企的背景下不同资产类别的表现，并通过面板数据考察了利率变化对主要资产管理中心的冲击，为政府和监管部门提供启示。

第一节　资产管理的演变与资产管理中心的兴起

一、资产管理的演变

（一）资产管理的内涵

资产管理内涵丰富，涵盖实物资产与金融资产等范畴。[①] 自国际标准化组织在 ISO 55000 中定义之后，资产管理这一术语便得到广泛使用（Petchrompo and Parlikad，2019）。[②] 国际标准化组织认为，资产管理是组织从资产中实现价值的协调活动，价值实现过程中通常涉及成本、风险、机会和业绩的平衡，其中的资

---

① Flintsch, G. W., & Bryant, J. J. Asset Management Data Collection for Supporting Decision Processes. Federal Highway Administration, 2006.

② Petchrompo, S., & Parlikad, A. K. A Review of Asset Management Literature on Multi – Asset Systems. Reliability Engineering & System Safety, 2019 (181)：181 – 201.

产包括有形资产或无形资产、金融资产或实物资产等。① 经合组织（OECD）对资产管理的界定侧重于实物资产，认为资产管理是维护、升级和经营资产的系统过程，将工程原理、商业实践和经济理论相结合，并提供工具进行灵活决策以实现公众预期。②

与此同时，也有文献将资产管理的范畴进行扩展，从实物资产延伸至金融资产，极大丰富了资产管理的内涵。国际货币基金组织（IMF）认为，资产管理是指代表投资者管理资产组合的过程，涉及的投资工具包含共同基金、交易所交易基金（ETF）、货币市场基金以及对冲基金等。③④ 此外，美国投资公司协会（ICI）将资产管理界定为一项代理业务，代表投资者进行资产配置，产生的利润或损失由投资者承担。瑞士资产管理协会（AMAS）扩大了资产管理的范畴，认为资产管理是以集合投资计划或客户授权的其他形式生产和管理投资方案的过程，代表着客户的最大利益，投资标的涉及股票和债券等金融工具，以及私人公司或房地产等非上市资产。⑤ 迄今为止，资产管理的投资范围已得到极大扩展，涵盖股票、债券、期货、期权、银行存款、同业存单、存托凭证、证券投资基金等。

《关于规范金融机构资产管理业务的指导意见》（以下简称资管新规）发布以来，国内对资产管理的理解逐步形成共识，资管新规将资产管理业务界定为银行、信托、证券、基金、期货、保险资产管理机构、金融投资公司等金融机构接受投资者委托，对受托的投资者财产进行投资和管理的金融服务。⑥ 中国证券投资基金业协会认为，资产管理的本质是以信任为基础，履行受托职责并实现委托人利益最大化，这要求风险与收益相匹配以及管理人的"卖者有责"与投资人的"买者自负"。⑦

（二）资产管理的历史轨迹

自新航路开辟以来，海上贸易日益兴盛，金融市场蓬勃发展，居民财富逐步

① ISO. ISO 55000：2014 Asset management – Overview, principles and terminology 2014.

② OECD. Asset Management for the Roads Sector, Road Transport and Intermodal Linkages Research Programme. Paris：OECD Publishing, Paris, 2001. https：//doi. org/10. 1787/9789264193208 – en.

③ International Monetary Fund. Global Financial Stability Report：Navigating Monetary Policy Challenges and Managing Risks. 2015.

④ International Monetary Fund. Global Financial Stability Report：Risk Taking, Liquidity, and Shadow Banking – Curbing Excess While Promoting Growth. 2014.

⑤ 详见如下网址：https：//www. am – switzerland. ch/en/asset – management/what – is – asset – management。

⑥ 详见如下网址：https：//www. gov. cn/gongbao/content/2018/content _5323101. htm? eqid = eab0ba2f0005c72e00000003646c2e17。

⑦ 详见如下网址：https：//investor. amac. org. cn/investread/tzbdjczs/202006/t20200603 _9665. html。

积累，日益壮大的投资需求使得荷兰成为资产管理行业的发源地。1774 年，荷兰商人凯特威士创设全球首只可供广大投资者购买的共同基金团结创力基金（Eendragt Maakt Magt），标志着资产管理行业的诞生。① 该基金具有公开募集资金和分散化投资两个特征。一方面，更早的类似产品主要面向具有雄厚财力的政府和大型投资者，团结创力基金的创设则将资金不足以支撑多样化投资的小型投资者纳入其中。正如基金名称所包含的"团结就是力量"这一含义，该基金真正促成了公开募集资金的实现。另一方面，该基金通过将公开募集的资金投资于俄国、德国、西班牙和瑞典等国的政府债券以及西印度群岛的抵押贷款，实现并便利了小型投资者的多样化配置。此外，这一金融创新部分是由于 1772 年发生的信贷危机，整个市场风险偏好的降低提振了低风险资产的投资需求，从而使得多样化配置走入大众视野。

工业革命以来，工业化、城市化、国际化推动资金需求迅速增长，使得基金运作模式在英国逐渐推广开来。首先，工业革命以后，工业化建设如火如荼，铁路等基础设施的修建过程中产生了大量资金需求，促使富裕阶层通过发放贷款、购买债券等方式配置资金。其次，随着生产力的提高，劳动力逐渐向城市聚集，城市规模不断扩大，城市化进程中大型项目的开发产生了大量资金需求，通过债券发行等方式向公开市场募集资金日益普遍，大型金融机构的投资方式逐渐从发放贷款转向投资各种公开证券。最后，英国凭借地缘政治霸权和全球金融中心的优势，开发并完善了一系列金融投资工具，包括海外证券的发行和交易，证券市场的国际化带来了丰富多元的投资机会，为投资组合与资产管理带来重大改变。1868 年，英国首只共同基金海外及殖民地政府信托基金设立，自此封闭式基金的运作模式逐步推广开来。

随着工业革命和信息技术的发展，资产管理逐步传入美国并发展壮大。资产管理在美国的最初发展以封闭式基金产品为主。1924 年，美国设立第一只开放式基金，即马萨诸塞投资者信托，投资者可随时购买或赎回基金份额。大萧条以后，资管机构对投资权力的滥用及高杠杆爆仓等行为受到质疑，具有有限投资自由裁量权的共同基金日益受到青睐。随着第二次世界大战后经济的快速恢复，社会财富急剧增长，以共同基金为主的资管行业得以蓬勃发展。20 世纪 70 年代，石油危机使得美国陷入滞胀，美国资本市场大幅震荡使资管行业规模大幅缩水。存款利率管制的存在使得居民存款持续贬值，投资者对流动性强、收益率高的金融产品的需求日益增强。在此背景下，货币基金通过提供高于利率的短期回报获

---

① Kahn, R. N. The Future of Investment Management. CFA Institute Research Foundation, 2018.

得快速增长，这一创新成功拓宽了资管行业的边界。20 世纪 80 年代及之后，美国金融监管政策逐步放松，《存款机构放松管制和货币控制法》的颁布标志着银行立法的转折。1999 年，《金融服务现代化法案》的通过使得美国金融业进入混业经营时代，商业银行纷纷以各种方式参与资管行业。摩根大通和花旗集团设立了专业的资管子公司，美国银行和富国银行则以内设部门的形式开展资管业务。2008 年国际金融危机以后，投资者风险偏好的下降与新兴科技的发展，使资产管理逐步进入被动化与智能化时代。

（三）资产管理的核心功能

资产管理最基本的功能是满足投资者需求，主要包括四个方面。一是获取风险调整收益。在考虑客户风险偏好的基础上，资管机构通过提供不同类型的投资产品，为客户获取相对高于银行存款的收益。二是降低投资风险。资管机构将客户资金配置于不同种类、行业以及地域的资产，通过多元化配置构建投资组合，降低总体投资风险，驾驭经济不确定性。三是降低交易成本。资管机构运用所募集资金开展证券大宗交易，利用规模经济获取相对于个体投资者的成本优势。四是更好地提供流动性。资管机构作为大型投资者，在将大量资金配置于资本市场的过程中为市场提供了大量流动性，较好地活跃了资本市场。同时，在资本市场出现极端事件的情况下，其准备金也能为投资者提供流动性支持。

同时，资产管理还具有支持实体经济的重要功能。资管机构通过创建产品与组合管理能够调动可用资金并将其引导至实际投资，储蓄资金向投资机会的转化有效地将投资者和公司联系起来。具体而言，资管机构通过在一级市场或二级市场提供股权资本或债务融资，满足企业或政府部门的融资需求，助力实体项目投资与经济增长。闲置储蓄资金向实体经济的转移实现了资源的优化配置，更好地助力实体经济发展。近 10 年来，越来越多的资管机构通过为可持续项目或技术提供融资，积极参与被投资公司决策以改善其环境绩效，从而助力绿色转型与经济可持续发展。

二、资产管理中心的要素与特征

（一）全球资产管理中心的关键要素

一是坚实的经济基础。综观全球前十大资产管理中心，其背后无不有坚实的经济基础作为支撑。换言之，全球资产管理中心多形成于经济较为发达的国家或地区，且多位于这些国家或地区中经济规模最大的城市。《2023 全球资产管理中心评价指数报告》①显示，全球前十大资产管理中心分布于 8 个国家或地区，除新加坡和中国香港外，其余 6 个国家或地区 2022 年的生产总值均在全球前七之列。同时，在这些经济基础强大的国家和地区中，全球资产管理中心的所在地大多集中于各地生产总值最高的城市。以纽约为例，作为全球顶尖的资产管理中心，其所在地的经济实力也处于世界顶尖水平。美国 2022 年国内生产总值（GDP）高达 25.44 万亿美元，位列全球所有国家之首，而纽约以 1.99 万亿美元的生产总值位列美国所有城市之首。此外，上海全球资产管理中心的形成也有赖于中国和上海强大的经济实力。中国 2022 年 GDP 高达 17.7 万亿美元，位列全球第二，而上海也是中国生产总值最高的城市。

二是充裕的社会财富。社会财富是资产管理需求逐步产生并发展壮大的土壤，因此全球资产管理中心大多具有充裕的社会财富。银行存款是居民财富的重要组成部分，当居民产生投资需求时，银行存款可迅速流向资管领域。鉴于此，此处以银行存款为基础考察全球资产管理中心的财富积累状况。在全球前十大资产管理中心中，其国家和地区均具有充裕的社会财富。除新加坡和中国香港，其余各国家和地区的银行存款均在全球前十行列，同时新加坡和中国香港的银行存款水平也处于较高水平，分别为全球第 22 位和第 36 位。

三是配套的金融发展。全球资产管理中心离不开发达的金融市场、强大的资管机构以及丰富的金融产品。以上海全球资产管理中心为例，上海具有完备的金融要素市场，依靠上海证券交易所、上海期货交易所、中国金融期货交易所、上海黄金交易所、中国外汇交易中心等交易平台，上海为资管行业提供了丰富多元的底层金融资产。与此同时，上海汇聚了国内外众多大型资管机构，包括首家外商独资公募基金公司——贝莱德，以及高盛工银理财、汇华理财、贝莱德建信理财、施罗德交银理财、法巴农银理财等中外合资理财公司。而纽约全球资产管理中心背靠纽约证券交易所、纳斯达克证券交易所、纽约商品交易所等交易平台，为市场提供了股票、债券、期货与期权等多样的底层金融产品，同时吸引了贝莱德等大型资管机构为市场提供资产管理服务。

四是一流的营商环境。全球资产管理中心的形成与发展需要一流的营商环境，需要稳健的金融体系、完善的法律制度、便利的跨境投融资政策等。世界银行《2020 年营商环境报告》②显示，新加坡全球资产管理中心所处的营商环境指数为 86.2，位居全球第 2；中国香港全球资产管理中心所处的营商环境指数为 85.3，在全球所有国家和地区中排在第 3；纽约、伦敦全球资产管理中心所处的

---

① 中欧陆家嘴国际金融研究院 . 2023 全球资产管理中心评价指数报告［R］. 2023.
② The World Bank. Doing Business 2020：Comparing Business Regulation in 190 Economies.

营商环境分别为全球第6和第8；上海全球资产管理中心所处的营商环境排在全球第31位。

（二）全球资产管理中心的演化逻辑

国民经济的快速发展是资产管理中心形成的基础。金融发展的"需求跟随论"认为，金融是商品经济发展到一定阶段后的产物，经济增长过程中会产生对金融服务的需求，从而推动金融机构乃至整个金融体系的发展（Robinson，1953；Patrick，1966；Lewis，2013）①②③。资产管理中心的形成有赖于发达的金融体系，而金融体系的发展与完善则需要实体经济的蓬勃发展。因此，全球资产管理中心的形成需要坚实的经济基础为支撑，国民经济的快速发展是全球资产管理中心形成的必然基础。

社会财富的迅速积累是资产管理中心形成的前提。全球资产管理中心汇聚了大量资金用于资产配置，而巨额资金的汇聚则有赖于国民财富的迅速积累。生产力的不断提高带来了国民经济的快速发展，国民财富随之迅速积累，居民通过参与分配获得财富积累，在满足其生存与改善生活的需求之后，多余的财富便从消费转向储蓄。随着金融体系的发展与居民理财意识的增强，对闲置资金保值增值的需求逐步诞生并发展壮大，进而催生了资管业务和资管机构的发展。全球资产管理中心的形成必然伴随着大量投资需求，因此国民财富的迅速积累就成为全球资产管理中心形成的必要前提。

金融体系的配套发展是资产管理中心形成的动力。全球资产管理中心需要以丰富多样的金融产品为载体，金融产品充足有效的供给则有赖于发达的金融市场支撑，同时大量专业的资产配置需求则以强大的资管机构来满足。首先，丰富多样的金融资产是满足资产配置需求的载体。国民财富迅速积累带来大量闲置资金，闲置资金的保值增值需要配置于具体的金融产品，金融产品体系的不断完善必然对资产管理业务的开展与资产管理中心的形成提供微观动力。其次，发达的金融市场是全球资产管理中心形成的重要支撑。金融市场作为资源配置的枢纽，为实体经济提供了包括股票、债券、期货、期权等在内的丰富多样的底层金融产品，使得闲置资金的资产配置成为了可能。丰富的产品序列需要建立在发达的金融市场之上，因而具备多元底层资产供给的全球资产管理中心需要有发达的金融

---

① Robinson, J. The Production Function and the Theory of Capital. The Review of Economic Studies, 1953, 21 (2): 81-106.

② Patrick, H. T. Financial Development and Economic Growth in Underdeveloped Countries. Economic Development and Cultural Change, 1996, 14 (2): 175-189.

③ Lewis, W. A. Theory of Economic Growth. Routledge, 2013.

市场作为支撑。最后，专业的资产管理机构是全球资产管理中心形成的强大动力。闲置资金为追求更高的收益或更低的风险，需要进行多元化资产配置与专业化组合管理，这就需要较高的资金门槛、丰富的投资经验和专业的知识储备，而专业的资管机构对于更好地满足投资者的资产管理需求至关重要。资管机构的核心竞争力在于资产管理规模（Asset under Management，AuM），即代表客户管理的投资组合的总市值。因此，专业资管机构的聚集和强大资管机构的建立成为了全球资产管理中心形成的强大动力。

　　总而言之，全球资产管理中心主要包含如下形成阶段：国民经济的快速发展、社会财富的迅速积累、金融市场体系的完善、金融产品体系的丰富、资管机构的壮大和集聚、资产管理中心的形成和壮大。金融体系的发展在全球资产管理中心的形成过程中发挥着重要作用，不同类型的金融体系具有不同的特点和优劣势，因而对全球资产管理中心的形成和竞争力影响重大。由于经济发展阶段、制度环境、法律体系和社会文化的不同，金融体系逐步完善并趋于分化，演变成银行主导型金融体系和市场主导型金融体系。在全球范围内，资管机构的主体是投资银行，主要服务于资本市场，这是其区别于商业银行的根本特征。鉴于此，在市场主导型金融体系中形成的全球资产管理中心通常具备较强的竞争力，而在银行主导型金融体系中形成的全球资产管理中心的竞争力相对较弱。[①]

第二节　2020 年以来的全球利率环境的深刻变革

一、利率转变的四个关键阶段

　　2020 年至 2023 年，全球金融市场经历了极端的不确定性。新冠疫情对全球经济造成了前所未有的冲击，在随后的经济复苏期，全球货币政策从极度宽松到迅速收紧，利率环境经历了从历史低点到显著增加的快速转变，可以分为以下四个阶段。

　　第一阶段：2020 年初，新冠疫情暴发及货币政策响应。为控制新冠疫情蔓延，全世界的国家实施了封锁措施。各国中央银行立即调整货币政策，以缓解金融压力、确保流动性以及鼓励贷款和投资来支持各自的经济。例如，美联储（Fed）在 2020 年 3 月将其基准利率削减至 0～0.25%；欧元区主要再融资利率维持在 0，存款设施利率为 -0.50%；日本保持其 -0.1% 的负利率政策不变；中国

---

　　① 中欧陆家嘴国际金融研究院．全球资产管理中心评价指数报告（2021）［R/OL］．https：// cliif. ceibs. edu/zgzxyj.

1 年期贷款市场报价利率（LPR）下调至 3.85%。

第二阶段：2020 年底，持续的经济支持。尽管已采取初步措施，在持续的新冠疫情挑战下，全球经济仍在低位徘徊。各国中央银行继续维持甚至进一步加强宽松的货币政策，将利率保持在极低水平：美国继续维持 0 ~ 0.25% 的利率不变，并开始实施大规模的量化宽松计划；英国将利率降至 0.1%，并实行量化宽松政策；澳大利亚也将利率下调至 0.10%，以支持企业和消费者的借贷与支出。

第三阶段：2021 年，经济复苏和通货膨胀上升。随着封锁措施逐步解除，主要经济体的经济开始显示出复苏迹象。但由于供应链中断、商品价格上涨和消费需求积压，通货膨胀压力快速显现。美联储开始加息，至 2021 年年底利率达到约 0.75% ~ 1.00%；英国中央银行（BoE）利率从年初的 0.1% 开始，小幅提高到年末的 0.25%。

第四阶段：2022—2023 年，货币紧缩趋势确立。到了 2022 年，通货膨胀问题更为显著和持续，各国中央银行开始加大行动步伐。美联储开始实施一系列激进的加息措施：从 2022 年开始至 2023 年 7 月，多次上调联邦基金利率目标区间，最终达到 5.25% 到 5.50% 区间，这是自 2001 年以来的最高水平；英国中央银行在 2023 年 5 月将利率提高到了 4.5%，并在 8 月进一步提高至 5.25%；欧洲中央银行（ECB）开始实施加息政策，但步伐相对谨慎，其三个关键利率，即主要再融资操作利率、边际贷款设施利率和存款设施利率在 2023 年 9 月分别上调至 4.50%、4.75% 和 4.00%（见图 1 - 1）。

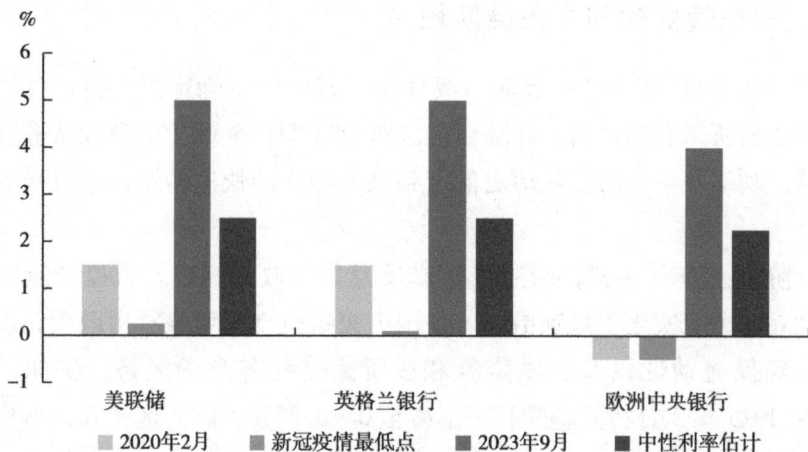

图 1 - 1　主要中央银行政策利率比较（2020—2023 年）

（资料来源：彭博）

二、利率变化中的地理差异

全球利率环境还表现出显著的地理差异。这些差异主要是由于不同国家和地区面临的经济挑战、通货膨胀状况以及货币政策反应不同而造成的。例如，欧元区包括多个具有不同经济结构、增长速度和财政状况的国家，一些经济基础较强的国家面临高通胀压力，需要更严格的货币政策来控制；另一些国家却仍然处于经济复苏的较早阶段，需要更宽松的政策来支持增长。为此，欧洲中央银行采取了特殊措施，包括定向长期再融资操作（TLTROs）和紧急购债计划（PEPP），旨在保证流动性，确保货币政策的传导机制能够顺利运作，以便缓和成员国间的差异。

又如，日本一直维持负利率的货币政策与其国内长期的低通胀环境有关。由于日本的通货膨胀压力在2020—2023年显著低于全球水平，日本中央银行直到2024年3月才取消收益率曲线控制（YCC）政策，宣布加息10个基点①，同时取消购买ETF和房地产投资信托基金（REITs），并将逐步减少商业票据和公司债券购买金额。

此外，发达经济体与新兴经济体之间的差异也很明显。相比发达经济体内部，新兴市场和发展中经济体的情况更为复杂。如中国采取了更为稳健的货币政策，以支持经济增长并控制债务风险。而那些依赖进口能源或面临货币贬值压力的国家，则需要大幅提高利率以支撑本币价值和控制通货膨胀。2023年，印度储备银行将其关键利率（回购利率）上调了25个基点，至6.5%，确保通货膨胀维持在印度中央银行设定的2%到6%的目标范围内。相比之下，土耳其的货币政策更加激进。2023年6月土耳其中央银行将1年期回购拍卖利率从8.5%提高到15%，10月进一步提高到35%，12月再次提升至42.5%，以维持土耳其里拉兑美元相对稳定在30～32的范围内。

第三节　利率上升重塑资产管理中心

一、投资策略的调整

新冠疫情后，全球普遍面临着持续的通货膨胀压力及经济复苏的挑战。各国中央银行的初衷是通过提高利率来抑制消费者支出，从而抑制经济过热的部门。

---

① 日本2024年1月居民消费价格指数（CPI）同比增速达2.2%，连续22个月超过2%的通胀目标。而核心的CPI同比增幅为3.5%，连续14个月超过3%。

但这些措施也导致借贷成本增加，从而降低了贷款和整体商业投资规模，并立即引起资产价格的变化：债券收益率上升，股市估值因未来收益的折现率提高而面临下行压力，整个资产类别都面临重新评估的风险。投资者也相应转向了更保守的投资策略。

（一）固定收益投资的调整

不同类型的债券对利率变化的敏感性各不相同。政府债券通常被视为风险较低的投资，但在经济不确定性较高的时期，政府债券仍然可能吸引那些寻求避险的投资者。企业债券通常提供更高的收益，但也伴随着更高的风险。在利率上升的环境中，企业融资成本增加可能影响其债券评级和价格。高收益债券也称为"垃圾债券"，这些债券的收益率更高，以补偿更高的违约风险。在利率上升的情况下，高收益债券可能面临更大的压力，因为投资者会要求更高的回报以补偿增加的风险。此外，投资者也会调整其固定收益类别中的组合，例如利用短期债券或固定利率债券来减少价格波动；或投资于与利率上升相关的资产，如浮动利率债券或与经济增长相关的行业债券。

2022—2023 年，固定收益市场在大部分细分市场表现积极，特别是 CCC 评级的美国公司债券在 2023 年的回报率达到了 20.1%，超过了高收益消费周期性行业和高收益电信、媒体及科技行业的债券。[1] 相比之下，欧洲的经济活动较弱，企业债券的融资成本上升和利润压力可能导致欧洲高收益债券市场（尤其是在信用市场）面临很大的困难。此外，英国和欧元区的政府债券收益率曲线倾斜加剧，特别是在长期端。[2] 日本中央银行持续的负利率政策导致其购买了大量债券，持有市场上超过一半的债券，加上突然和大量的干预（仅将隔夜利率和 10 年期利率固定），导致交易量缩减，市场定价机制扭曲，造成了收益率曲线的异常走势。[3]

（二）股票投资的变化

利率上升一般对股票市场产生负面影响，因为企业融资成本增加，消费和投资下降，从而影响公司盈利能力。具体到行业，科技和高增长领域更容易受到利率上升的不利影响，传统行业或具有强大现金流的公司则更能抵御这些不利影

---

[1] J. P. 摩根. 2023 年回顾：利率、集会和反思 [R/OL]. https：//www.jpmorgan.com/2023-in-review-rates-rallies-and-reflections.

[2] 罗斯柴尔德资产管理公司. 2023 年回顾与 2024 年展望 [R/OL]. https：//am.eu.rothschildandco.com；联博基金. 2024 年欧洲固定收益展望 [R/OL]. https：//www.alliancebernstein.com.

[3] 高盛资产管理公司. 日本经济复苏及未来道路 [R/OL]. https：//www.gsam.com/content/gsam/us/en/advisors/market-insights/market-strategy/market-know-how/2023/japan-economic-revival-and-the-road-ahead.html.

响。但市场的反应也取决于多种因素，包括经济增长预期、企业盈利能力以及投资者对未来通货膨胀和利率走向的预期。例如，美联储升息的幅度高于其他市场的投资回报率，吸引全球资本流入美国股市；同时，政府的支持①、技术的快速发展以及部分高科技公司在全球市场中的领导地位②，促使投资者看好这些公司的长期增长潜力而忽视了利率上升的损失，这在美国科技"七巨头"的股票表现上尤为突出。2023 年末，苹果、微软、亚马逊、英伟达、谷歌、元宇宙（Meta）、特斯拉的股票市值分别同比上涨了 45%、56%、85%、234%、55%、185%、110%，与 2022 年末相比合计增加了 5.2 万亿美元，对标准普尔 500 指数的增幅贡献超过了 66%。③ 总之，新冠疫情后美国股票表现相对强劲，道琼斯工业指数和标准普尔 500 指数的年均增速分别高达 11% 和 16%，展示了美国股市的韧性和吸引力。

在美国之外，股市的影响因素与货币价格密切相关。美元升值导致日元大幅贬值，2023 年底为 1 美元兑 151 日元，日元较 2022 年贬值 15%，从而吸引了国际资本大量购买日本企业的股票，日经 225 指数 2023 年获得 28% 的涨幅，创下日本经济泡沫破裂以来的最高水平。④ 与之相比，英镑兑美元的贬值效应不足，英国富时 100 指数在 2022 年和 2023 年仅分别温和上涨了 0.91% 和 3.78%。

（三）另类资产的考虑

一是房地产市场。高利率环境对房地产市场一般会产生压力，尤其是对那些依赖贷款融资的买家和开发商。但在 2020 年新冠疫情冲击时，全球中央银行降低利率使得房地产市场在短期内受益，尤其是住宅市场由于低贷款利率而需求增加。商业房地产（办公空间和零售空间）受远程工作和在线购物趋势影响而面临更多挑战。到了 2023 年，随着利率继续上升，房地产市场的增速大幅减缓。欧洲房地产市场在 2023 年表现出色，年总回报率达到了 21.5%；北美以 13.0% 的回报率位居次席；而亚洲则表现相对疲软，年总回报率为 -0.6%。在第四季度，随着美国等发达市场的债券收益率下降，投资者预期 2024 年的货币政策将转为宽松，房地产市场表现出了积极的势头。例如，富时发达国家扩展指数（FTSE

---

① 美国政府通过的《通胀削减法案》和《芯片法案》为美国高端制造业带来机遇。

② 例如，特斯拉在其得克萨斯州超级工厂的 4680 电池单元生产上取得了重大突破；通过采用新的设计和制造技术（包括使用大型模具和 3D 打印技术，以及特制的合金），特斯拉能够在 18～24 个月内从头开始生产出一辆新车，大幅降低了成本、提高了生产效率。而大多数竞争对手目前需要 3～4 年的时间。2023 年，特斯拉的车辆生产量增长了 35%，交付量增长了 38%，并在多个市场大幅降价，保持了在全球电动汽车市场的领导地位。

③ 笔者根据标准普尔 500 指数的部分计算得到。

④ 日本股市和美国股市的表现与日元和美元的国际货币功能密切相关。

EPRA Nareit Developed Extended Index）在 2023 年的整体表现上涨了 9.9%，而且这一增长主要是在年末实现的。先锋美国房地产指数基金（Vanguard US Real Estate Index Fund，VNQ）仅在 2023 年 12 月就上涨了 9.4%。先锋全球非美房地产指数基金（Vanguard Global ex - U. S. Real Estate Index Fund，VNQI）也表现良好，增长了 8.2%，表明房地产市场呈现积极趋势。

不同房地产部门的表现也有所不同。人工智能持续推动了对数据中心空间的需求①，5G 技术的推广也提供了技术支持，全球数字驱动的房地产领域持续增长，其中数据中心以 29.9% 的回报率领跑所有房地产部门，其次是度假村/度假设施（20.0%）和自存仓储（17.3%）。

二是商品市场。在高利率环境下，持有和融资商品的成本提高，商品价格受到抑制，但 2020—2021 年持续的供应问题抵消了这种效应，商品市场经历了由通货膨胀、供应链中断和地缘政治紧张局势带来的综合影响。农产品（玉米、大豆、小麦）在利率上行初期，叠加了不利的天气条件、供应链中断和俄乌冲突（尤其是乌克兰是主要的粮食生产国）价格大幅波动。对于能源商品（石油、天然气），2021 年随着全球经济重新开放，需求增加，加上供应限制，价格飙升。2022—2023 年持续的供应链问题、地缘政治紧张和全球向可再生能源转变的需求变化，以及石油输出国组织和非石油输出国组织产油国（OPEC +）的决策加大了能源价格的波动。基本金属（铜、铝）也有类似的表现。2021 年全球制造业反弹和供应链问题导致价格上涨。2022—2023 年货币政策收紧拖累了价格，但对与绿色能源转换相关的需求提供了一定支持。而对于作为对冲通货膨胀和避险资产的贵金属（黄金、银）而言，利率上升最初导致黄金价格下降，但 2023 年持续的通货膨胀和市场波动再次激发了贵金属的避险属性。

三是私人信贷和私募股权。由于基准利率上升、吸引力十足的利差以及持续的资本流入，私人市场的投资收益吸引力巨大。② 投资者在这一时期偏好使用浮动利率工具，尤其是许多基础设施投资具有对冲通货膨胀的合同结构，在高通货膨胀环境中，可以实现对冲通货膨胀的作用。③

2023 年私人债务市场在美国和欧洲表现出一定的增长趋势。2023 年，私人债务基金规模比 2022 年同期增长了约 10%，前几大基金主要投向了次级债务，但同时欧洲私人债务交易数量比 2022 年同期下降了 36%，表明利率上升也导致了

---

① 美国房地产投资信托协会（Nareit）. 全球房地产绩效和 2024 年预期 [R/OL]. https：//www. reit. com/investing/global - real - estate - investment.

② https：//www. gsam. com/content/gsam/us/en/advisors/market - insights/market - strategy/outlook/2024/asset - management - outlook - 2024. html？sc _ cid = global ~ wbst ~ briefings ~ na ~ tl ~ lnk ~ landing _ page ~ na&ls = web.

③ Hamilton Lane，2023 年市场概览 [EB/OL]. https：//www. hamiltonlane. com.

市场流动性紧张的压力增加。日本的私募股权市场在公司治理改革动力的推动下活跃起来，交易量在 2023 年与美洲和欧洲相比有显著增长，尤其是在自动化、数字化、半导体、电子供应链和先进医疗保健领域。

四是现金等安全资产。利率的急剧变化使得现金成为一个有吸引力的资产类别。最初，在利率极低时期，它们的吸引力有限。但在 2020 年由于投资者恐慌，无风险货币市场基金激增了 1 万亿美元。随着利率的不断上升，特别是在市场不确定性和波动性增加的背景下，现金及其等价物的避险功能凸显。2023 年全球货币市场基金吸引了 1.4 万亿美元的资金流入，现金收益率约为 5%，总资产规模达到 5.7 万亿美元，创下历史纪录。[①]

总体来看，较高的利率环境对全球整体经济构成了阻力。2020 年 11 月以来，全球多资产投资组合并未取得太大进展，高利率环境下的全球投资组合回报相对平淡。[②]

二、资本流动与资产配置的新思路

如前所述，资产管理中心指的是那些集聚了大量资产管理机构、管理着巨额资产规模的国际金融中心。全球利率的变化对资产管理中心的资产管理规模有着多方面的影响。

第一，资本流动变化。利率变化通过影响国家之间的收益差异、货币强度和国际投资者的风险偏好来影响资本流动。例如，美国利率上升通常会使得以美元计价的资产变得更有吸引力，从而导致资本流入美国，尤其是流入纽约的金融市场。同时，资本从伦敦和香港等地流出，当地资产的吸引力减弱，资产管理规模减少。

第二，资产配置转移。资产管理者会因为收益的变化而重新分配其投资组合中各类资产的比重，其目的是优化投资组合的表现，降低风险，寻求最佳的回报。在高利率环境下，投资者寻求更高收益的趋势可能会导致资金从股票转移到债券；也可能由于预期利率将进一步上升，管理者将长期债券卖掉而偏好短期债券，以减少利率风险；还可能由于风险偏好的变化而增加对避险资产的配置，如黄金或高质量债券。这种变化主要影响资产管理的内部结构而非总量规模。

第三，经济和市场反馈。当利率上升时，贷款成本增加，可能减缓房地产市场的增长，从而导致资产管理者减少在房地产上的投资。由于利率上升导致房地产价格下降，消费者可能降低支出，将影响宏观经济，这反过来又会影响市场情

---

① https：//finance. yahoo. com/news/chart – day – 5 – yields – set – 020359087. html.

② https：//www. jpmorgan. com/insights/outlook/market – outlook/2025 – outlook – key – takeaway.

绪并进一步影响资产价格。资产管理者可能预测这些反馈效应并相应地调整他们的策略。这些调整又可能进一步影响不同部门的资产配置，从而影响不同资产的价格，导致资产管理规模的变化。

三、资产管理规模变化的实证分析

（一）面板模型设定

综上，本书提出一个假设：利率上升会对全球资产管理中心的资产管理规模产生有利影响。构建如下基准模型：

$$AuM_{it} = \alpha_i + \beta \times InterestRate_{it} + \sum \gamma \times ControlVariables_{it} + \delta_t + \varepsilon_{it}$$

式中，AuM_{it}是被解释变量，代表第i个资产管理中心在时间t的资产管理规模。α_i是国家固定效应，捕捉所有不随时间变化的国家特异性因素。$InterestRate_{it}$作为解释变量，是第i个国家在时间t的利率。本书采用该国的政策利率或基准利率。δ_t是时间固定效应，捕捉所有国家共同经历的时间特异性冲击。ε_{it}是误差项，代表了模型未能解释的随机波动。$ControlVariables_{it}$是一系列控制变量，这些变量可能影响资产管理规模，但其并非本书研究的主要焦点。①外商直接投资（FDI）净流入，可能影响国内经济环境和资产管理规模，通常作为外部经济条件的指标。②证券投资净流入，反映了资本市场的吸引力，可能影响资产管理规模。③股票市值，反映了股票市场的总体规模，可能影响或反映资产管理市场的容量。④国债收益率，直接受利率政策的影响，进而影响资产管理规模。⑤REITs指数收益率，利率变化可能通过影响房地产市场的吸引力进而影响资产管理规模。⑥消费者信心指数，消费者信心和预期会影响投资和储蓄行为，最终影响资产管理规模。⑦失业率，可能影响投资者可投资的规模。⑧投资率，选择固定资产投资占GDP的比重，反映经济环境的整体吸引力。

考虑到全球利率自2021年开始迅速攀升，本书以年度为单位收集了2021—2023年纽约、伦敦、上海、东京、法兰克福、巴黎6个资产管理中心所在国的部分宏观数据。2023年的具体数据如表1-1所示。

表1-1　全球资产管理中心在利率上升环境中的不同宏观表现（2023年）

资产管理中心		纽约	伦敦	上海	东京	法兰克福	巴黎
政策利率/基准利率（%）		5.5	5.3	3.5	0.1	4.5	4.5
资本流动变化	FDI净流入/10亿美元	276.5	-80	177	20	23.4	20.7
	证券投资净流入/10亿美元	895.1	77.1	300	-68.4	15	298.3

资产管理中心		纽约	伦敦	上海	东京	法兰克福	巴黎
资产配置转移	股票市值/10亿美元	48979	2441	6525	6149	2178	3992
	10年期国债收益率/%	3.9	3.9	3.9	0.7	2.6	2.9
	REITs指数收益率/%	9.3	20	−3.8	−4.4	2.5	4
经济和市场反馈	消费者信心指数增长率/%	16.4	47	20.4	19.4	10.3	29.5
	失业率/%	6	4	5.2	2.7	4.2	3.9
	固定资产投资/GDP（%）	17.4	21	23.9	24.1	22.1	25.4

注：1. 此处以国家数据代替城市数据。

2. 此处将两个指数类变量的数据转换为变化率，以改善其统计性质。

资料源：CEIC。

（二）数据分析

首先我们进行描述性统计，如表1－2所示。从表中可以看出，主要资产管理中心所在国的政策利率平均值从2021年的0.7%攀升至2023年的3.05%。其余控制变量的数据结构可分为两类：一类是单边趋势变化，如FDI净流入均值从2021年的999.3亿美元下降至2023年的913.4亿美元，证券投资净流入均值从2021年的−251.7亿美元升至2023年的3056.0亿美元，且同一年各城市之间的这两类资本净流入的差异都较大，失业率均值从2021年的8.2%降至2023年的6.352%；第二类呈非单一变化，如股票市值、10年期国债收益率、REITs指数收益率、消费者信心指数增长率和固定资产投资/GDP都是先下行再上升。

表1－2　　　　变量的描述性统计（2021—2023年）

年份	变量	政策利率/%	FDI净流入/亿美元	证券投资净流入/亿美元	股票市值/万亿美元	10年期国债收益率/%	REITs指数收益率/%	消费者信心指数增长率/%	失业率/%	固定资产投资/GDP（%）
2021	均值	0.7	999.3	−251.7	26.2	1.18	12.35	−4.61	8.2	26.177
	标准差	1.525	1624.8	1854.1	31.6	0.341	28.981	36.05	1.794	10.698
	最小值	0	−711.7	−4360.0	3.8	0.52	−30.21	−214.286	4.2	10.098
	最大值	3.8	3877.8	6400.0	8.5	2.4	57.3	137.7	12.3	47.883
2022	均值	1.593	1148.2	2384.8	27.7	1.596	11.118	−2.428	7.276	25.242
	标准差	1.758	947.1	2384.8	31.3	0.351	29.81	36.254	1.967	10.742
	最小值	0	−2850.6	−2850.6	3.2	0.6	−40	−241.286	3.5	10.23
	最大值	3.85	2850.5	8950.7	8.6	2.4	58.29	140	11.8	46.077

续表

	变量	政策利率/%	FDI 净流入/亿美元	证券投资净流入/亿美元	股票市值/万亿美元	10 年期国债收益率/%	REITs指数收益率/%	消费者信心指数增长率/%	失业率/%	固定资产投资/GDP（%）
2023	均值	3.053	913.4	3056.0	24.1	2.295	2.095	3.59	6.352	23.598
	标准差	1.85	1076.1	2147.1	31.5	0.27	26	30.952	2.009	10.732
	最小值	0	-2850.6	-5900.7	3.2	0.6	-44.21	-226.25	3.5	8.883
	最大值	5.5	2765.0	8950.7	49.0	3.88	43	140	12.7	39.905

在对面板数据进行回归估计之前，首先考虑使用混合回归模型，但是考虑到各个城市差异较大，因此还需要使用固定效应（FE）模型，根据 F 检验的 P 值判断可以使用固定效应模型。同时豪斯曼（Hausman）检验结果表明，固定效应模型优于随机效应模型。因此本书使用控制国家和年份的双向固定效应模型。为了便于对比，本书同时列出固定效应和混合回归的结果，如表 1-3 所示。第 2 列为未加入控制变量的回归结果，固定效应不显著。在第 3 列加入控制变量的回归结果中，控制国家和年份特征，利率的回归系数在 10% 的水平上显著，表明利率水平每增长 1 个单位，资产管理规模将会提高 409.7 个单位。基准回归结果符合假设。

表 1-3　　　　政策利率上升影响资产管理规模的基准模型回归结果

变量	固定效应（未加入控制变量）	固定效应（加入控制变量）	混合回归最小二乘法（OLS）
利率（interest rate）	-79.04 （-0.94）	409.7 * （5.09）	890.5 （1.39）
FDI 净流入（FDI inward）		-0.79 （-0.36）	14.58 （1.27）
证券投资净流入（portfolion inward）		-0.37 （-1.65）	-0.218 （-0.15）
股票市值（capitalization in stock market）		0.388 ** （6.48）	0.231 * （2.34）
10 年期国债收益率（10 years bonds yield）		-365.80 （-2.09）	-1250.7 （-1.19）
REITs 指数收益率（reits index）		-17.39 * （-3.26）	-18.72 （-0.93）
消费信心指数增长率（consumer confidence index）		1.37 （0.81）	-1.474 （-0.21）

续表

变量	固定效应 （未加入控制变量）	固定效应 （加入控制变量）	混合回归 最小二乘法（OLS）
失业率（unemployment rate）		1223.2 * （3.41）	-222 （-1.11）
固定资产投资/GDP（fixedfamation rate）		-52.88 （-2.92）	-260.8 * （-3.14）
国家固定	是	是	否
年份固定	是	是	否
常数项	5910.9 *** -23.79	-3016.60 （-1.16）	9807.7 ** （4.42）
样本观侧值（Observations）	18	18	18
R^2	0.1011	0.993	0.9784

注：＊＊＊、＊＊、＊分别表示在1%、5%和10%水平上显著，括号内为标准误差。

（三）结论

基准模型回归结果显示，加入控制变量后，利率升高对资产管理中心的资产管理规模有显著的正面影响。这是对大部分欧洲和美国的资产管理中心而言。而对于在2021—2023年所在国利率下行的资产管理中心（如上海）而言，资产管理规模有下行压力。日本在这3年保持利率稳定，东京的资产管理规模变动则取决于其他条件。如日元相对美元的大幅贬值，吸引美元资本进入日本股市购买日本企业，提高了东京的资产管理规模。

随着利率的上升，投资者从高收益的另类资产中撤出，流回固定收益类资产和股市，这在模型中反映为对利率敏感资产类别的显著影响。如股票市值在5%的水平上显著为正，以及REITs指数在10%的水平上显著为负。

利率上升通常会导致经济放缓，这可能对消费者信心和投资率产生负面影响。基准模型回归结果显示，利率变化对经济和市场反馈有显著影响，尤其是在高度依赖消费和投资的市场（如美国和欧洲），利率上升导致失业率上升，这在10%的水平上显著。

结语

市场需求和宏观利率环境不断改变和塑造着全球资产管理中心的格局。对当前仍处于不确定经济环境下的资产管理中心而言，适当的监管措施可以帮助避免资本过快流出导致的金融不稳定；适时的利率政策调整可以帮助平衡资本流动，防止市场过热或过冷；增强市场监管和透明度，确保投资者了解市场动态和潜在风险，有助于维护市场稳定和投资者信心；鼓励资产管理机构多元化投资，减少对单一市场或资产类别的依赖，从而降低系统性风险，以促进市场健康、可持续发展。

上篇

利率波动下的资产配置趋势

第二章　全球养老基金
资产配置变化研究

养老金市场是一个高度集中的市场，2023 年，养老金分布排名前十的国家的养老金总额占全球养老金总额的96％。2023—2024 年高通胀和高利率虽然扰乱了全球金融市场，但使养老基金总体回报出现了积极的变化，股票和债券仍然是其主要的投资资产，另类资产的投资比例仍在提高。更多国家和地区正在向缴费确定型（DC）养老金计划转变，以应对人口老龄化和经济不确定性带来的挑战。

第一节　全球养老金市场的宏观表现与结构剖析

一、宏观表现

（一）年均增长率

2013—2023 年，全球养老金市场经历了显著的增长，资产规模从 2013 年的 35.9 万亿美元增加到 2023 年的 55.7 万亿美元（见图 2 - 1)[①]，年均增长率为 4.5％。特别是在过去两年中，尽管宏观不确定性较高，但受益于全球股票和债券市场的回升（60％ 股票和40％ 债券的组合回报率达到了16.6％），2023 年全球养老金资产实现了显著反弹，平均同比增长 10.4％，高于过去 5 年的年均增长率 4.9％和过去 10 年的年均增长率3.80％（见表 2 - 1）。

---

① 这里涵盖22 个最大的养老金市场，分别是澳大利亚、巴西、加拿大、智利、中国、芬兰、法国、德国、中国香港、印度、爱尔兰、意大利、日本、马来西亚、墨西哥、荷兰、南非、韩国、西班牙、瑞士、英国和美国。详见：https：//www.thinkingaheadinstitute.org/research - papers/global - pension - assets - study - 2024/。

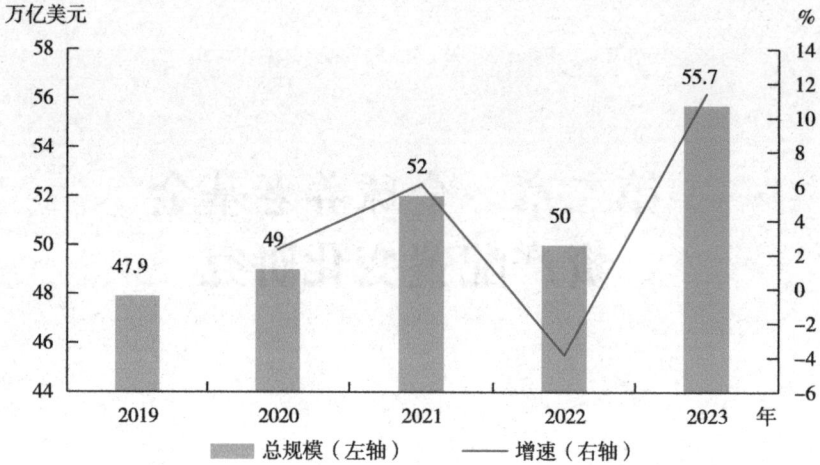

图 2-1　全球养老金资产规模（2019—2023 年）

［资料来源：经合组织 . 2021 养老金图解（*Pension Funds in Figures* 2021）［R］. 2021；前瞻思维智库
（Thinking Ahead Institute）. 2024 全球养老金资产研究（*Global Pension Assets Study* 2024）［R］. 2024］

表 2-1　　　　　主要国家和地区的养老金增长情况（2013—2023 年）　　　　单位：%

市场	1 年复合年增长率（CAGR）	5 年复合年增长率（CAGR）	10 年复合年增长率（CAGR）
澳大利亚	4.50	4.00	3.40
巴西	7.30	2.00	−1.60
加拿大	10.00	4.50	2.00
智利	12.00	0.60	2.00
中国	2.00	14.50	15.70
芬兰	9.90	4.80	2.40
法国	14.10	2.10	−0.50
德国	13.40	4.60	1.90
中国香港	5.40	5.50	6.50
印度	8.30	7.40	10.80
爱尔兰	11.50	1.00	3.20
意大利	10.80	4.90	4.30
日本	4.40	1.90	1.60
马来西亚	3.80	3.30	2.80
墨西哥	27.40	14.40	6.90
荷兰	12.60	2.50	2.50

续表

市场	1年复合年增长率（CAGR）	5年复合年增长率（CAGR）	10年复合年增长率（CAGR）
南非	6.20	3.60	0.60
韩国	9.70	7.40	8.00
西班牙	16.00	2.00	-0.70
瑞士	18.00	8.80	5.30
英国	10.30	1.30	0.20
美国	12.10	7.50	5.80
平均值	10.40	4.90	3.80

资料来源：前瞻思维智库.2024全球养老金资产研究［R］.2024.

（二）占生产总值的比重

2023年全球最大的22个国家和地区的养老金市场的资产占其生产总值总和的68.7%，但国家和地区之间的差异很大。荷兰的养老金资产占GDP比重最高，为159%；其次是瑞士（150.3%）和加拿大（146.6%），法国、西班牙位居最后，分别是2.7%和2.4%（见图2-2）。总体来看，2013—2023年，大多数国家和地区的养老金资产占生产总值的比重都有所提高，但也有两大不同：一是基数存在显著差异，二是经济发展背景和应对老龄化的支付压力不同。

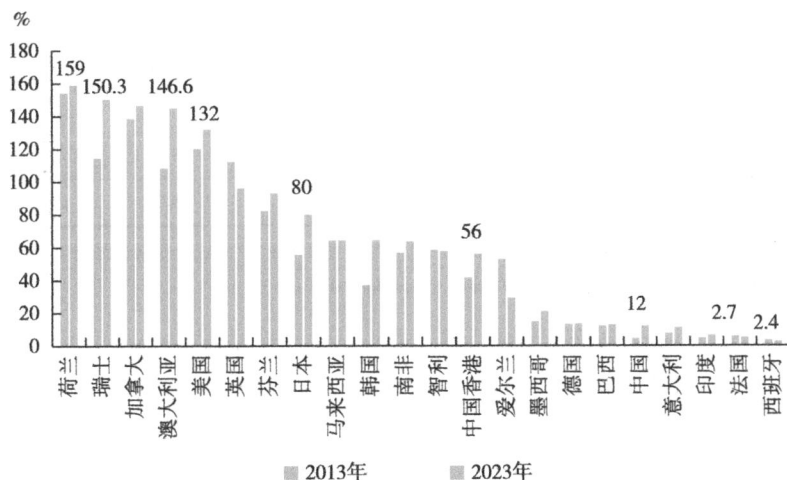

图2-2　全球主要国家/地区的养老金占生产总值的比重（2013年和2023年）
（资料来源：前瞻思维智库.2024全球养老金资产研究［R］.2024）

中国养老金占GDP的比重从2013年的4.5%提升至2023年的12%左右，主要原因有两点。一是人口老龄化趋势加剧，社会对养老服务的需求急剧上升，推动了养老金市场的扩展和资产的增加；二是政府出台了一系列支持养老产业和养老金发展的政策，中国证监会明确推进养老金入市的投资端改革政策，推动养老金资产的市场化运作，提高了养老金资产的收益性和安全性。

（三）覆盖率和替代率

总体来看，大多数国家或地区的养老金覆盖率[①]和替代率[②]有所提高，反映出全球养老金制度在过去 10 年中的显著发展。但也可以发现不同国家或地区在养老金制度中的不平等程度以及在替代工作收入方面的有效性不同。由于三支柱体系的全面覆盖和强制性职业养老金计划，荷兰拥有高覆盖率和高替代率；相比之下，日本面临严重的老龄化和低生育率问题，缴纳养老金的人数减少，同时其养老金制度在中小企业和非正式就业领域的覆盖率不足。尽管日本进行了多次改革以控制财政负担，但其养老金替代率依然偏低，仅为 40% 左右（见表 2 - 2）。

表 2 - 2　　　　　　　　主要养老金市场的覆盖率和替代率　　　　　　单位：%

市场	养老金覆盖率		养老金替代率	
	2013 年	2023 年	2013 年	2023 年
美国	65	66	39	49
加拿大	75	80	45	57
澳大利亚	85	90	42	41
荷兰	100	100	90	100
瑞士	65	70	56	57
英国	55	60	50	58
芬兰	100	100	55	64
日本	45	50	35	40

资料来源：经合组织、世界银行（world bank）、美世咨询（Mercer）、《瑞士经济与统计》（*Swiss Journal of Economics and Statistics*）、芬兰养老金中心（Finnish Centre for Pensions）。

二、结构分布

（一）区域分布

近 10 年来，全球养老金的分配格局相对稳定，高度集中在少数国家或地区。2023 年，前八大养老金市场（美国、英国、中国、澳大利亚、加拿大、荷兰、日本、瑞士）的养老金资产占全球养老金资产的 95%。美国仍是最大的单一养老金

---

①　指在某国家或地区参与并受益于养老金制度的人口比例。
②　指退休后养老金收入占退休前收入的比例。

市场，在全球养老金市场中占比 62%；其次是英国和中国，分别占比 7.1% 和
5.8%。这三个最大的养老金市场的养老金资产合计占全球养老金资产的 75%。
中国市场规模显著增长，在全球市场的占比从 2013 年的 2% 扩张至 2023 年的
5.8%（见图 2-3）。

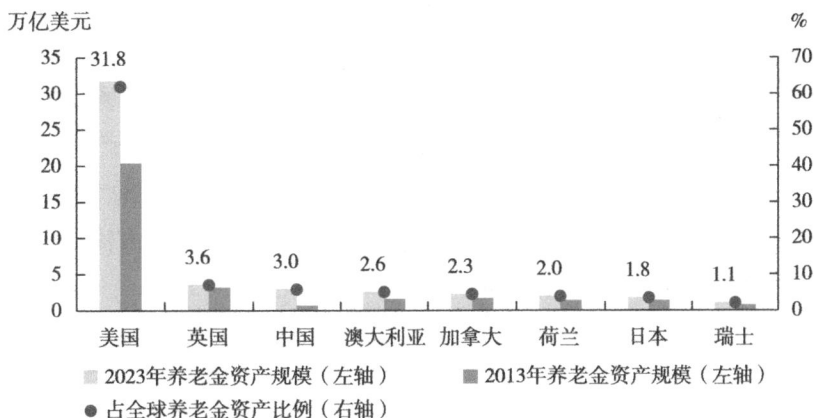

图 2-3　全球前八大养老金市场规模及其占比（2013 年和 2023 年）

（资料来源：经合组织、美世咨询、前瞻思维智库）

（二）制度分布

2013—2023 年，由于全球经济不确定性越来越大，各国或地区的养老金制度
与结构总体上从传统的待遇确定型养老金（DB 计划）向缴费确定型养老金（DC
计划）转变，DC 计划养老金资产的年均增长率为 6.6%，高于 DB 计划养老金资
产（2.2%）。这一趋势与两者的本质区别密切相关。从风险承担角度看，DC 计
划的投资风险由员工承担，而 DB 计划的风险由雇主承担；从确定性角度看，DC
计划的养老金金额取决于投资回报，而 DB 计划的养老金金额在退休时是确定的；
从灵活性角度看，DC 计划提供更多的投资选择和灵活性，而 DB 计划则提供稳定
和确定的退休收入。

但如果仅考察 2023 年的养老金市场，可以发现，由于主要发达经济体的政策
利率大幅上升，债券收益率也跟随上涨，DB 计划的资金状况（Funded Status）[①]
得到了极大改善。例如，英国中央银行政策利率上升了 5%，使得 DB 计划的盈
余超过 25%，许多企业投资组合的风险大幅降低。

根据两者的占比情况，可以将养老金的制度分布分为三类。第一类，DB 计
划主要分布在社会重视长期雇佣关系和企业对员工的承诺的文化背景中。如在日

---

①　即养老金计划资产与负债的比率。

本和荷兰，DB 计划占其养老金总资产的 95% 左右。

第二类，DC 计划的主导地位越来越明显。如在英国，尤其是在自动注册制度实施后 DC 计划普及率更高，2023 年已达到 72%，远高于 2013 年的 46%。[①] DB 计划和混合计划[②]则主要存在于英国的公共部门和少数老牌企业中，规模和数量逐年减少。澳大利亚的情况与英国类似，2023 年末，其 DC 计划资产总额约为 2.8 万亿澳大利亚元，而 DB 计划仅有 3000 亿澳大利亚元。

第三类，两者相当。根据《2023 年第四季度美国退休市场数据》[③]，截至 2023 年末美国的总退休资产为 38.4 万亿美元，其中 DC 计划资产总计为 10.6 万亿美元，占比 28%；包括联邦、州和地方政府的 DB 计划资产总计为 8.7 万亿美元，其中私营部门的 DB 计划资产总计为 3.2 万亿美元，合计占比 31%。2023 年美国前十大 DC 计划、DB 计划的资产规模和增速见表 2-3。

表 2-3 美国前十大 DC 计划、DB 计划的资产规模和增速（2023 年）

排名	美国前十大 DC 计划				美国前十大 DB 计划		
	名称	类型	2023 年资产规模/百万美元	增速/%	名称	2023 年资产规模/百万美元	增速/%
1	联邦退休储蓄计划	政府计划	782835	13.5	加利福尼亚州公务员退休系统	450289	4.6
2	波音公司	企业	68220	13.7	加利福尼亚州教师退休系统	307868	6.7
3	IBM	企业	53022	5.7	纽约市退休系统	247999	8.7
4	洛克希德·马丁	企业	51399	8.7	纽约州共同退休基金	246307	5.6
5	美国银行	企业	48855	11.2	得克萨斯州教师退休系统	181656	4.8
6	RTX	企业	48279	7.3	佛罗里达州州立董事会	180466	5.6
7	富国银行	企业	45766	-0.1	华盛顿州董事会	140495	7.5
8	AT&T	企业	44892	-2.1	纽约州教师退休系统	130783	6.2
9	微软	企业	42572	9.2	威斯康星州投资董事会	124565	6.3
10	沃尔玛	企业	39598	26.3	北卡罗来纳州	111796	5.7

资料来源：养老金与投资（Pensions and Investments）[EB/OL]. https://www.pionline.com/largest-us-retirement-plans/2024。

[①] 2023 年英国确定型缴费（DB）养老金计划全景 [EB/OL]. https://www.thepensionsregulator.gov.uk/en/document-library/research-and-analysis/occupational-defined-benefit-landscape-in-the-uk-2023。

[②] 混合计划是一种职业养老金计划，其成员可以选择或混合领取 DB 计划和 DC 计划。

[③] https://www.ici.org/print/pdf/node/836811。

2024 年全球 DB 计划转向 DC 计划的趋势进一步加强。例如，在荷兰，从 2024 年开始，现有的 DB 计划需要制订转型计划，到 2026 年全面转向新的养老金类型。未来的 DB 计划累积将停止，现有的 DB 计划参与者将根据新的 DC 计划规则调整其养老金累积。类似的改革正在全球多个国家推进，反映了人们对降低养老金计划复杂性和增加灵活性的需求。

（三）资产配置

近 10 年来，全球养老基金的实际投资配置发生了很大变化。与 2013 年相比，2023 年全球最大的 22 个养老金市场合计股票配置率缩减了 9 个百分点，从 51% 降至 42%；债券配置保持稳定，平均为 36%；另类资产配置大幅增加，占全球养老金投资的 20%。与此同时，由于对市场风险和系统性不确定性的认识提高，现金工具的平均配置率从 1.4% 略微提高到 2.7%。总体上看，2022—2023 年的高利率环境引起了养老基金资产配置的根本性转变（见图 2-4）。

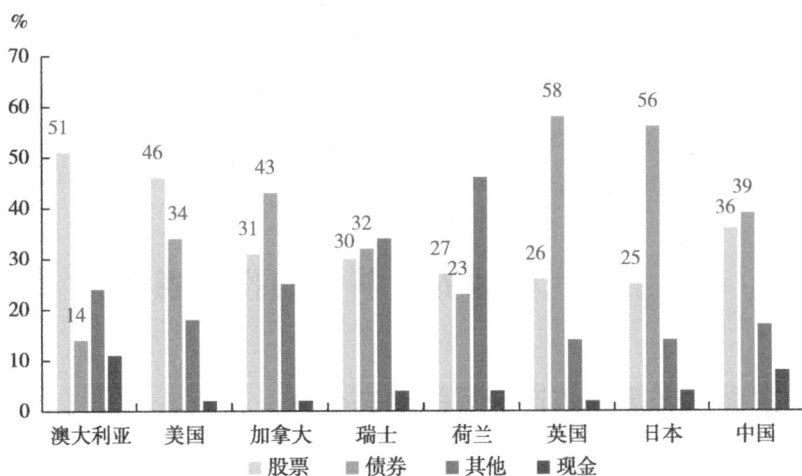

注：中国数据用全国社会保障基金（NSSF）2022 年的资产配置代表。

图 2-4　全球前八大养老金市场的资产配置（2023 年）

（资料来源：前瞻思维智库. 2024 全球养老金资产研究［R］. 2024；中国国家社保中心）

一是固定收益资产的价值下降。当市场利率上升时，现有的固定收益资产（如政府债券和公司债券）的市场价值会下降，因为这些资产是在较低利率环境下发行的。投资者会更倾向于购买新的、高利率发行的债券，从而导致现有债券的需求和价格下降。

二是养老金负债的减少。随着利率上升，养老金的负债现值会减少。这是因为未来养老金支付的折现率上升，导致现值计算降低，因此养老金的资金状况得到改善。根据过去 20 年的联邦基金利率和公共养老金的资产负债比，可以发现，两者之间具有正相关性。2023 年美国企业养老金计划的资产负债比从 2018 年的 89.4% 提高到 103%。[①]

三是股票市场的表现较好。如果在经济强劲复苏和企业盈利稳定的背景下，高利率环境使得股票市场的表现可以保持稳定甚至良好。2023 年，在美国 401（k）计划中，股票基金和混合基金（包括目标日期基金）是主要的投资类别，2023 年末分别达 2.8 万亿美元和 1.3 万亿美元，分别占其总资产 7.4 万亿美元的 38% 和 18%。

四是另类资产的表现欠佳。另类资产通常对利率变化敏感，高利率会增加融资成本，减少资本流动性和投资价值。许多私募股权基金没有对冲浮动利率风险，在低利率时期签订的债务协议大幅增加，一旦利率冲高，就会消耗大量流动性和利润，不仅会进一步降低估值，甚至可能由于收入不足无法偿还债务而破产。2023 年，由于高昂的借贷成本和不断上升的违约率，养老基金一度减缓配置另类资产，而是优先考虑企业直接贷款和资产支持贷款等传统选择。但 2024 年以来，随着市场认为利率已达到峰值，投资债券的利润减弱，养老基金转而加大对私人信贷这类高风险、高回报的资产投资。例如，澳大利亚最大的养老金机构澳大利亚超级基金（AustralianSuper），管理的资产规模达 3300 亿澳大利亚元），计划将其私募股权配置从 5% 提高到 9%。

第二节　全球养老基金的投资表现

一、主要养老基金资产配置的动态变化

（一）日本政府养老投资基金

2001 年日本政府开始对养老金的管理体制进行大幅改革，厚生劳动省下设养老金管理局，不仅监管公共养老金，还监管包括企业年金和职业年金在内的私人养老金，并因此设立了投资管理机构"日本年金积立金管理运用独立行政法人"（日本政府养老投资基金，GPIF）。GPIF 长期采取较为保守的投资策略，以政策性资产配置（Policy Asset Mix）为基准，一方面基于经计算的养老金未来支出需求（风险承受能力、投资期限等），另一方面基于资产的长期风险收益特征，定期根据实际情况进行调整，即国内外股票、债券的配比在各 25% 的基础上增加/减少 6%～8%，若受市场环境影响假设发生变化，也会进行临时调整。由于欧美

---

① https：//crr. bc. edu/public - pension - funded - levels - improve - amidst - rising - interest - rates/。

股市持续走强，GPIF 的国际股票配置比例小幅上升。2023 年末，日本股票占比24.66%，国际股票占比 25.14%，合计占比 49.80%。同时，随着欧美加息，债券投资转为亏损，GPIF 小幅减配国内外债券，维持在 25% 以下的水平，日本债券占比在 2023 年末降至 25.77%，国际债券的占比在 25% 以内连续四年下降（见图 2 – 5）。

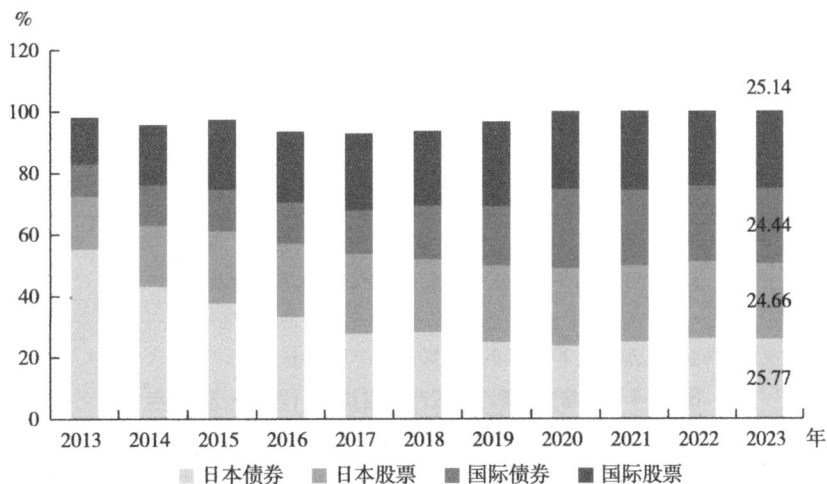

注：上述年份均为自然年。

图 2 – 5　日本 GPIF 资产配置比例（2013—2023 年）

（资料来源：GPIF）

（二）加拿大养老金计划投资委员会

加拿大养老金计划投资委员会（CPPIB）是国际大型养老基金中投资范围最广的基金之一，它认为另类资产是获得阿尔法收益的关键，因此多年前就将各种另类资产（主要是私人不动产、基础设施、私人股权等）的配置比例维持在 1/3 左右，与公开股票这一基础贝塔资产相当。在 2016 年上调了基金的长期风险水平后，CPPIB 强调应利用其投资期限长、规模大、短期流动性限制少、资产确定性高等优势，不断提高对另类资产的配置，降低固定收益类资产比例。但受利率高企的影响，2023 财年这一趋势发生转变。一方面，固收类资产迅速扩张。为了达到基金的长期投资目标，固定收益类资产的配置持续扩张，从 2022 年的 7% 迅速增长至 2024 年 3 月末的 12%。另一方面，另类资产配置明显降低。在 2022 年基础设施、不动产和私人股权等的占比合计达到历史最高水平 50% 后首次回落至47%，其中，私人股权占比由 32% 降至 31%，不动产占比从 9% 缩窄至 8%，与基础设施占比相当，而信贷萎缩最为明显，占比从 2022 年的 16% 降至 13%（见

图 2-6)。

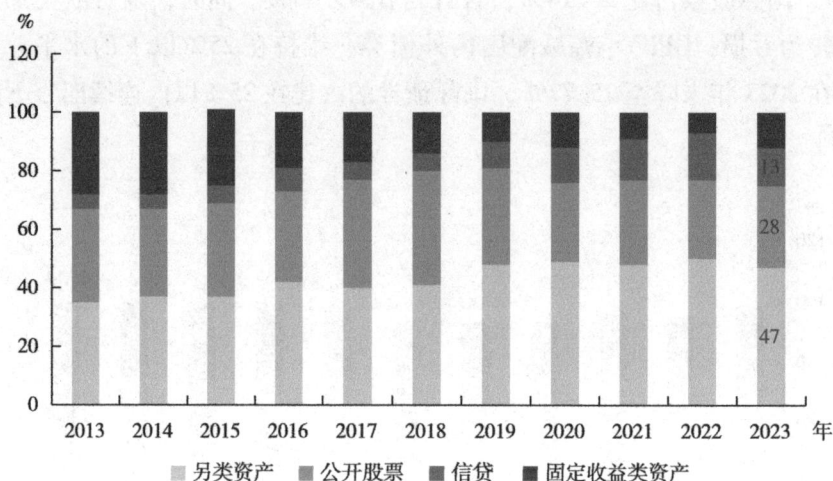

注：上述年份均为财年，加拿大 2023 财年末为 2024 年 3 月 31 日。

图 2-6 加拿大 CPPIB 资产配置比例（2013—2023 年）

（资料来源：CPPIB）

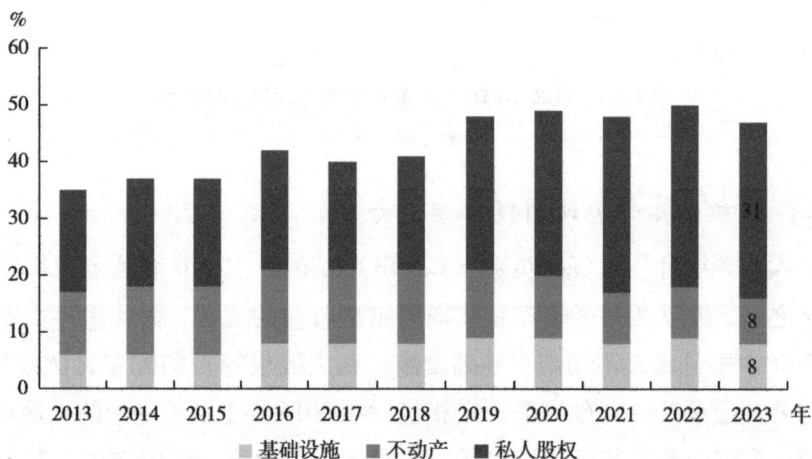

注：上述年份均为财年，加拿大 2023 财年末为 2024 年 3 月 31 日。

图 2-7 加拿大 CPPIB 另类资产配置比例（2013—2023 年）

（资料来源：CPPIB）

（三）挪威政府养老全球基金

挪威政府养老全球基金（Government Pension Fund Global, GPFG）成立于 2006 年，由挪威中央银行管理，仅可投资海外市场，且不包括挪威、丹麦、芬兰和瑞典。2021 年 4 月，挪威财政部发布了《2021 年政府养老基金白皮书》，对 GPFG 的权益投资方面作出四个转变：第一，在权益投资基准指数中不纳入额外的新兴市场；第二，削减基准中股票数量；第三，加强关注气候变化带来的影响与机遇；第四，加强了全球政府养老基金的道德准则，更为强调负责任投资。

受石油和天然气销售价格高企以及挪威克朗贬值的影响，2023 年 GPFG 的整体回报率为 16.1%，其中股票的回报率高达 21.3%，配置比例维持在 70% 以上。中央银行政策利率持续上升，影响了债券市场，固定收益类资产的投资回报率为 6.1%，配置比例小幅下降至 27.1%（见图 2－8）。由于实际利率上升和新冠疫情以来对办公楼的需求下降导致估值降低，非上市房地产的回报率无论是绝对值还是相对于其他资产类别而言都很低，配置比例降至历史性的低点，仅有 1.9%，低于 2013 年的水平。

此外，可再生能源的基础设施占比维持在 0.1%。自 2019 年末将其作为第四类资产（目前仅限于北美和欧洲的光能和太阳能基础设施），在总的投资框架中设定其配置比例上限为 2%。

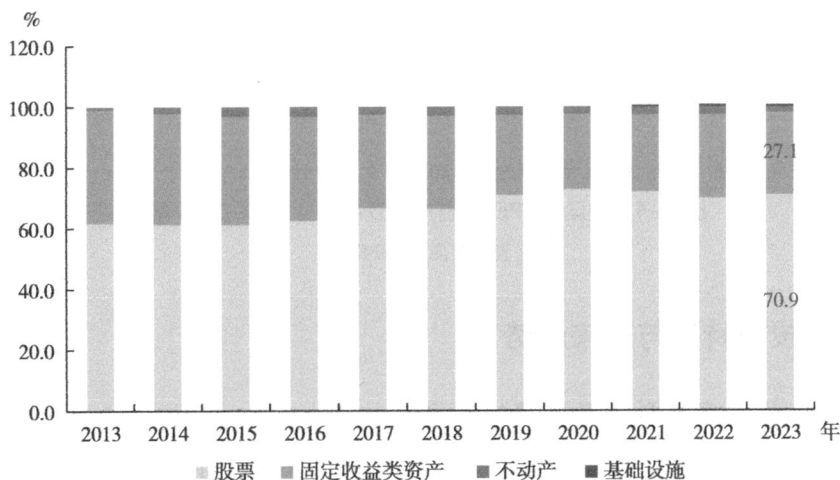

注：上述年份均指自然年。

图 2－8　挪威 GPFG 资产配置比例（2013—2023 年）

（资料来源：GPFG）

（四）美国加利福尼亚洲公共退休基金

私募股权是美国加利福尼亚洲公共退休基金（CalPERS）表现最好的资产类别，20 年期年化回报率高达 12.3%（截至 2023 年底，私募股权的 5 年期和 10 年期回报率也超过了其他资产类别）。因此，自 2022 年开始，CalPERS 推进了私募资产战略影响，即把私募市场总配置提高到40%（见图2－9），减少对股票和固定收益类资产的配置，这样既能实现投资多元化管理的目标，也摆脱了大规模收购的风险。2023年，公开股票市场连续第四年下滑至46%；固定收益类资产占比自2017年开始增长，2019年接近30%，但2022—2023年持续减少；不动产和私人股权及债务等另类资产合计占比维持在30%左右，其中私募股权占比约为15.3%，而私募债务占比为2.6%，还有较大的增长空间。

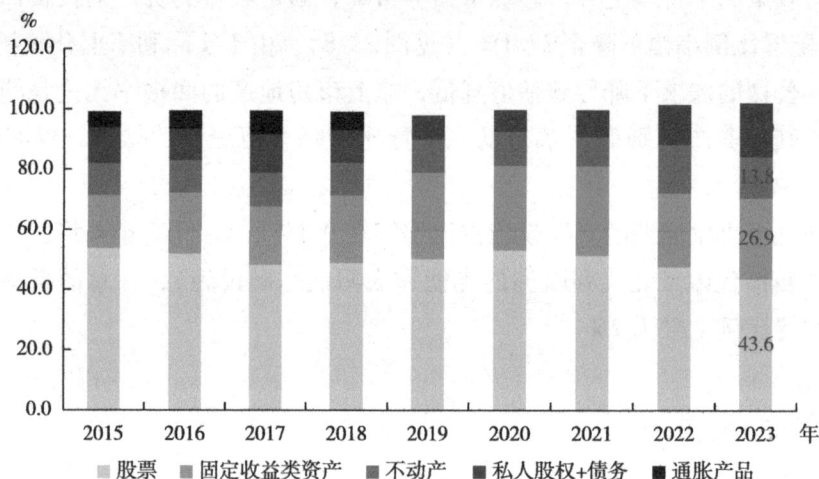

注：上述年份均指自然年。2023年数据为截至2024年4月30日数据。

图2－9　美国 CalPERS 资产配置比例（2015—2023年）

（资料来源：CalPERS）

二、投资特征与未来趋势

（一）收益率与科技股资产密切相关

年化投资回报率反映了公共养老金长期偿付能力的趋势。从单个年份来看，主要养老基金近10年的最高回报率均在20%左右，2022年出现大幅亏损，2023年收复失地（见图2－10）。

从资产类别来看，2023年股票和固定收益类资产贡献了较大的正收益，不动产和基础设施类资产则为负回报。除受利率上升、高通胀和俄乌冲突影响的能源市场上涨外，美国科技股也强势反弹，纳斯达克指数（NASDAQ Index）在2022年下跌了32.54%（见图2－11），而2023年录得了44.64%的回报。日经225指数上涨了近33%。如前所述，全球养老基金将大部分资产投资于本国以外的国家，目的是分散风险并寻求更好的回报。GPFG的股票比重较高，且其将很大一

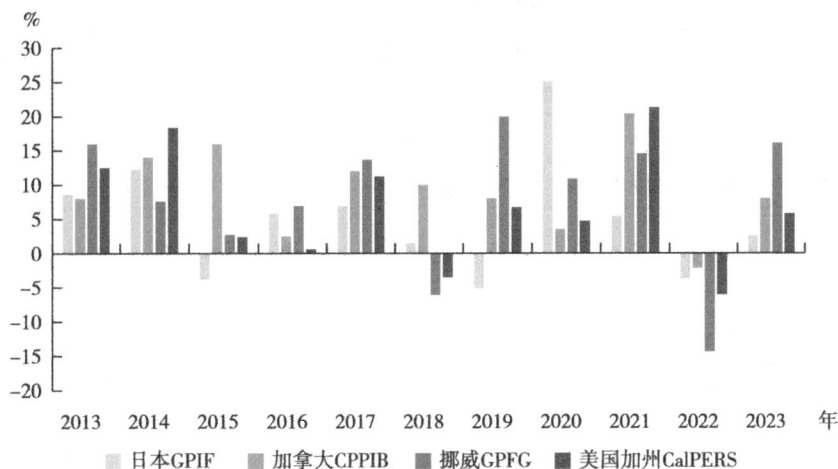

注：1. 各数据为当年财年的年化收益率，非累积年化收益率。

2. 货币口径为该国家本币。

3. 各年数据为名义净收益率。

图 2 - 10 主要养老基金年化投资收益率（2013—2023 年）

（资料来源：各养老主权基金官网）

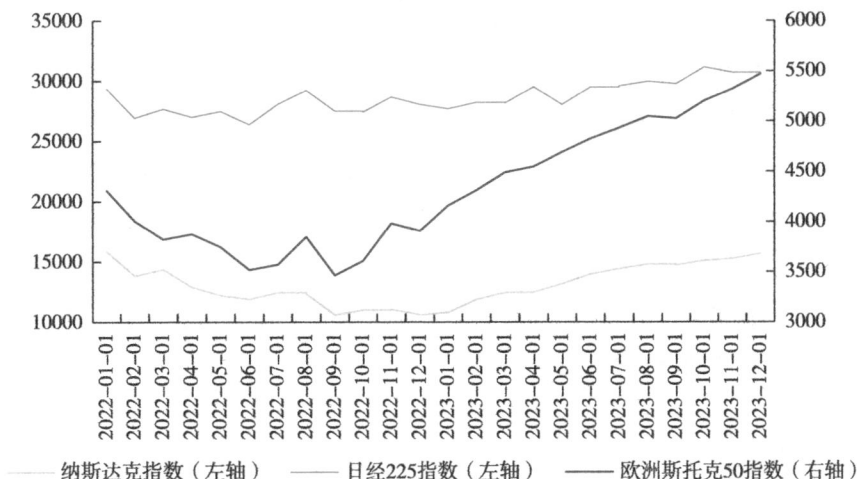

注：图中的股票指数是本国货币的总回报指数，不仅考虑了股票价格，还考虑了股息收益率。

图 2 - 11 三大股票指数表现（2022—2023 年）

（资料来源：各交易所官网）

部分投资于美国股市；CalPERS 的国内股票权重最高，超过其股票类资产的 60%。这就能很好地解释其较高的年回报率了。同样，GPIF 的回报率也受到国内股市的强劲推动（见表 2 - 4）。

表 2-4　　　　　　　　养老基金主要资产回报率（2022—2023 年）　　　　　　单位：%

资产类别	加拿大 CPPIB		美国加州 CalPERS		挪威 GPFG		日本 GPIF	
	2022 年	2023 年	2022 年	2023 年	2022 年	2023 年	2022 年	2023 年
股票	0.3	13.8	-13.1	19.1	-15.4	21.3	3.69	20
私人股权	6.8	10.4	21.3	8.8	—	—	—	—
固定收益类资产	-0.8	-0.4	-14.5	8.3	-12.1	6.1	-0.93	4.1
不动产	-1.2	-5	24.1	-9.6	0.07	-12.4	—	—
基础设施	5.6	2.6	—	—	5.12	3.7	—	—

资料来源：各养老主权基金官网。

（二）汇率波动过大压缩外币投资

养老基金在全球投资股票、债券和房地产等资产以分散风险，资产购买价格与资产最终出售或交易时的价格之间的汇率差异水平将对资本收益产生重大影响。随着美元的急剧升值，各国货币波动性大幅提高，管理养老金资产的货币敞口已成为越来越重要的因素。

由于加拿大元是一种高度依赖商品的弱货币[①]，并且其波动性显示与世界股市正相关的趋势（即当全球市场下跌时，它的波动性很小），投资以加拿大元计价的资产等于起到了自然对冲的作用。2022 年加拿大元对大多数外币升值，包括日元和人民币，但对美元贬值；2023 年由于利率较高以及油价上涨，加拿大元兑美元小幅升值，兑其他货币升值幅度更大（见图 2-12）。升值会导致持有的以这些外币计价的资产贬值，产生外汇损失。因此在 CPPIB 2022—2024 年的资产配置中，加拿大元的占比从 17% 上升至 22%，美元占比则从 40% 上升至 45%，相应地降低了人民币和英镑的比例，同时增加了以印度卢比计价的资产，表明对印度新兴市场的乐观预期（见图 2-13）。

殊途同归。日元自 2021 年起持续贬值，其中兑美元贬值近 40%。由于美元占日本投资者海外资本配置的绝大部分，日元贬值导致日本养老基金的海外资产价格暴跌，因此，2023 年 GPIF 在 2022 年的基础上继续收缩国际债券的配置，转而增持国内债券。

（三）对冲通货膨胀的资产具有吸引力

2023 年，由于能源和食品价格上涨、供应链问题以及劳动力市场的压力，

---

① 作为一个主要的石油出口国，加拿大的经济与油价密切相关。油价上涨有助于推动加拿大元升值，因为出口收入增加，会带来更多的外汇流入。

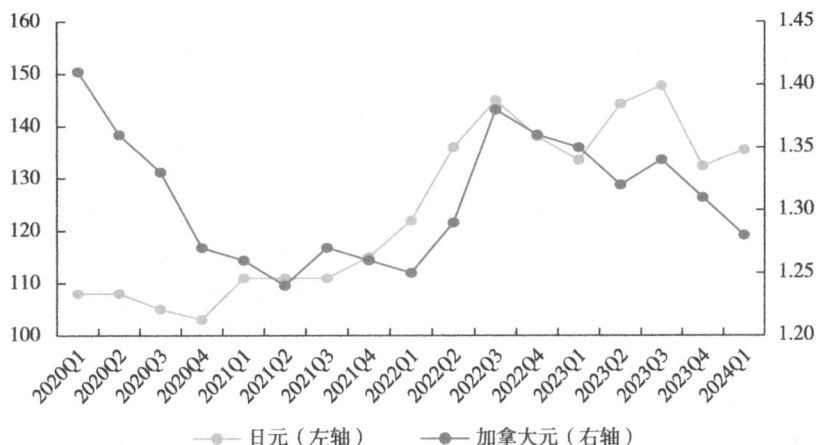

图 2-12　美元兑加拿大元和日元走势（2020—2024 年）

[资料来源：彭博（bloomberg）]

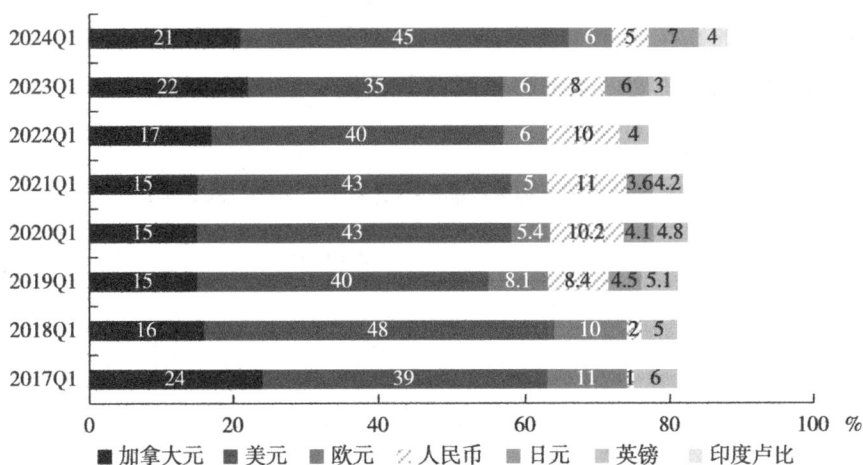

注：仅显示占比超过3%的货币。

图 2-13　CPPIB 按货币分类的资产配置比例（2017—2024 年）

（资料来源：CPPIB）

全球平均通货膨胀率约为 6.6%，虽然比 2022 年的 8.8% 有所下降，但仍然远高于新冠疫情前的水平，这对养老基金的实际回报率产生了重大影响。退休人员和接近退休人员是对通货膨胀相当敏感的群体，包括医疗保健费用在内的商品和服务价格的上涨，对于收入固定的退休人员而言完全无法通过预期收入增加而维持购买力。如在美国，与养老相关的医疗健康费用增长大大高于通货膨胀的增长，与通货膨胀呈正相关的资产对需要有稳定收益的大型养老金十分有吸引力。

　　总体上看，在利率上升后，养老基金投资另类资产的风险收益比下降，这一趋势在2023年并未发生扭转。从根本上说，这是因为另类资产不仅与股票、债券的相关性较低，也与通货膨胀呈正相关。根据英杰华集团（Aviva plc）的调研报告①，超过2/3（69%）的企业DC计划预计在未来两年内增加对另类资产的配置，这一比例高于一年前的51%。1/3的机构投资者将另类资产在其总投资组合中的占比控制在10%~20%。房地产股权仍然最有吸引力，平均占另类资产的27%。

　　此外，与通货膨胀挂钩的债券（或叫通货膨胀保值债券，TIPS）在2023—2024年继续发挥重要作用。如GPFG中与通货膨胀相关的债券在固定收益资产中的占比多年在7%以下。随着2022年通货膨胀快速上升，这一占比提高至7.1%，2023年回落至6.6%（见表2-5）。2024年第一季度，所有期限的通货膨胀保值债券表现均优于美国国债（见图2-14），短期债券的涨幅略高于美国国债，中期债券和长期债券的跌幅则小于美国国债。这说明短期TIPS需求较高，收益率上升，反映了投资者对短期内通货膨胀回落的预期；而中长期TIPS需求相对稳定，收益率有所下降。

表2-5　　　近五年与通货膨胀相关产品的投资表现（2017—2023年）　　　单位：%

年份	挪威 GPFG			
	与通货膨胀挂钩的债券收益率	在固定收益类资产中的占比	固定收益类资产占比	实际占比
2017	−0.1	5	30.8	1.5
2018	−0.4	5.5	30.7	1.7
2019	6.7	6.5	26.5	1.7
2020	9.1	6.3	24.7	1.6
2021	6.4	6.2	25.4	1.6
2022	−13.3	7.1	27.5	2.0
2023	4.5	6.6	27.1	1.8

资产来源：GPFG。

---

　　① 该研究收集了500家机构投资者的回复，包括企业DB计划和DC计划、公共养老金、保险公司和金融机构，这些投资者来自英国和欧洲、亚太地区和北美，共管理着3.8万亿美元的资产。详见：https://www.avivainvestors.com/en-gb/capabilities/real-assets/real-assets-study-2024-online/。

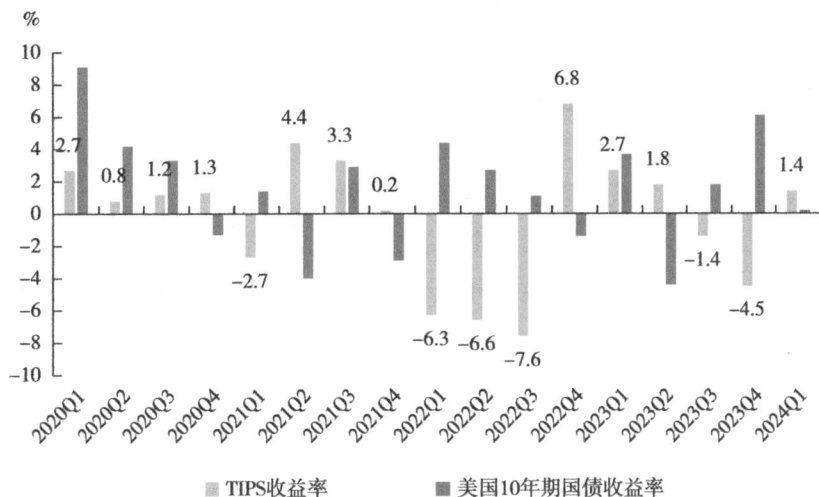

图 2-14　通货膨胀保值债券与美国国债的收益率（2020—2024 年）

（资料来源：彭博）

第三节　养老基金面临的新挑战

一、持续的成本压力问题

（一）外包趋势加强

除了股市回报率、外汇损益和通货膨胀损益，养老基金的回报也受到投资成本的影响。投资成本又主要受投资组合结构影响，如私募股权等另类资产的费用比上市股票或固定收益类资产的费用高。此外，投资活动由内部人员管理的程度以及外包给其他资产管理公司管理的程度也会影响成本。

近年来，养老基金将部分业务进行外包在全球已较为普遍，其原因主要有三个。第一，成本控制。随着全球人口老龄化的加剧，养老金领取者的数量不断增加，而 2020—2021 年金融市场的波动和低利率环境使投资回报率下降，养老基金面临着日益增长的成本压力。2022—2023 年的高利率虽然有助于改善养老基金的资金状况，但对私募股权、房地产和高收益债券等另类资产不利。这些资产在高利率环境下的估值通常会下降，从而增加养老基金的投资风险。同时，资金状况改善也使得养老基金可能需要增加对信用工具的配置，同时对负债进行更多的对冲，总体成本并未得到下降。

第二，投资复杂性增加。随着全球经济环境的变化和市场波动增加，养老基金的投资组合变得越来越复杂，包括多种资产类别和地理区域，这增加了资产管理的难度。根据 2021 年的《欧洲基金报告》，54% 的基金经理使用第三方基金管理人来进行收集、组织和验证数据等高度手动且单调的任务；近 1/3 的投资公司正在寻找中台业务外包的机会，以满足环境、社会和治理（ESG）以及加密货币和私人债务市场中竞争或投资引入新系统的需要。

第三，技术进步和合规要求。全球范围内的监管合规要求变得更加严格，先进的信息技术和数据分析能力使得外包公司可以提供更高效和精准的服务。

（二）外包模式

养老基金的外包服务呈现出高度普及和多样化的特点，主要有两类模式。一类是完全外包，即完全外包其某些功能，如 IT 管理，以便自身专注于核心业务，提高效率和降低成本。一般优先外包中后台处理，其次是外包数据管理。

另一类是混合模式，即资源密集型的部分功能外包，部分功能内部管理，以达到平衡和灵活性。例如，在全球债券投资组合中，主权债券部分仍在内部管理，而证券化资产、新兴市场和高收益等部分则外包给太平洋投资管理公司（Pimco）等专业管理公司。

当然，外包也带来了服务质量和控制、数据安全和隐私保护等挑战，养老金基金需要建立严格的管理和监督机制，以确保外包服务的质量和安全。根据德勤（Deloitte）的调查[①]，仍有 59% 的养老基金选择内部管理资产，37% 采用内外部结合的管理模式，只有 4% 完全依赖外部管理。

二、ESG 整合的缓慢进展

（一）ESG 对养老基金投资的影响

2020 年 3 月，以加利福尼亚洲教师退休基金（CalSTRS）和日本政府养老投资基金（GPIF）为代表的全球养老基金发表了公开信："如果我们只关注短期回报，就会忽视我们投资组合可能面临的灾难性系统性风险"。可见，养老基金采用 ESG 的一个主要驱动力是，长期管理企业风险和机遇的管理者需要履行其作为代际资本管理者的责任。但这种特殊性在可持续金融实践和整合 ESG 方面既有优势，也有劣势。

优势是，养老基金由于其长期投资的特点，天然适合关注可持续投资因素。从投资目标来看，养老基金是为未来的养老金支付提供稳定和可持续的回报。从

---

① https：//www2. deloitte. com/us/en/pages/consulting/articles/global – pension – industry – investment – trends. html。

风险管理来看，ESG 有助于识别和管理长期风险。例如，气候变化、资源枯竭和社会不平等等问题可能对公司的长期盈利能力构成威胁，通过整合 ESG 标准，养老基金可以更好地识别这些风险并采取相应措施，确保投资组合的稳健性。从投资者偏好来看，养老基金需要满足利益相关者（养老金供给方和监管机构）的期望，而且必须遵守相应的地区和国家法规。

劣势是，养老基金的长期性质使其投资组合（尤其是固定收益计划的投资组合）更容易受到 ESG 下行风险的影响，导致资产价值急剧下跌。[①] 这些风险包括：声誉风险，如公司产生负的 ESG 外部性；人力资本相关风险，如公司如何对待员工；诉讼风险，如污染或野火造成的诉讼风险；监管风险，包括政府要求的信息披露；腐败风险；气候风险，包括物理风险、技术风险和"搁浅资产"风险等。养老基金要保持可持续性，就需要制定流程来更谨慎地识别、衡量和管理这些风险。

（二）养老基金整合 ESG 的挑战

当前，养老基金在考虑 ESG 资产时面临几个主要挑战。

一是大型机构投资者很难投资新的 ESG 产品。许多 ESG 机会具有规模较小、处于早期阶段的特点，而养老基金往往无法投资低于 1 亿美元规模的资管产品，也就是供需双方的门槛不平衡。

二是目前全球对养老基金如何制定和记录其 ESG 政策和实践、如何确定其在 ESG 方面的受托责任、如何遵守报告要求、如何向利益相关者报告其 ESG 实践和结果等都没有明确的讨论和标准，缺乏监管机构的一致指导使得资管机构和养老基金受托人对 ESG 投资持谨慎态度。

三是大多数 DC 计划不提供可持续发展基金。如前文所述，全球许多养老基金正在从 DB 计划过渡到 DC 计划。虽然这种转变在私营部门比在公共部门更为明显，但这种趋势是不可避免的。而当前大多数 DC 计划并不提供可持续发展基金。如在美国，截至 2023 年末，不到 15% 的 401（k）计划提供了 ESG 基金的选项。[②]

四是不同资产类别的内部与外部管理选择将影响养老基金对 ESG 融入的程度。如果资产在内部管理，养老基金可以在其职权范围内完全自行决定 ESG 整合；但如前文所述，养老基金可以将从投资组合构建和投资决策到与控股公司的合作以及代理投票等所有事务外包，当资产由外部管理时，对管理人的选择和时

---

①　Hoepner, Andreas G F；Oikonomou, Ioannis；Sautner, Zacharias；Starks, Laura T；Zhou, Xiao（2024），ESG Shareholder Engagement and Downside Risk，https：//www. zora. uzh. ch/id/eprint/237536/1/rfad034. pdf.

②　https：//anderson - review. ucla. edu/political - football - inclusion - of - esg - funds - in -401ks/。

间周期的长短就决定了 ESG 整合的质量。

结语

随着 2024 年全球通货膨胀压力的逐渐缓解，主要发达市场的通货膨胀率将接近中央银行目标，政策利率逐步回调，但整体利率仍将维持在较高水平。高利率环境有助于提高长期投资者的风险调整回报，更有助于推动 DB 计划向 DC 计划转变的趋势。但这个转型过程也伴随着新挑战。例如，DC 计划的参与者需要更积极地管理其投资组合，并在退休时面临更大的市场风险。为了应对信用风险和市场波动，DB 计划正在增加对信用工具的配置，并更积极地进行风险对冲。总体来看，养老基金需要加大多元化和风险管理，同时关注绿色债券和可持续投资的机会，以应对未来的市场变化和环境挑战。

第三章　主权财富基金与
货币国际化的互动

——以中东地区为视角

2023 年金融市场的复苏和持续的高油价提振了主权财富基金（SWFs）的资产管理规模，总计达 11.2 万亿美元，仅次于公共养老基金（23.1 万亿美元），在全球金融生态系统中日益突出。从所有权角度看，SWFs 代表着一国或地区的投资偏好，是政府在国内外投射其利益的形式。它们既代表了理性经济人，也体现了其金融和外交资源所赋予的权力，相较于养老基金，SWFs 更易受政治因素的影响。

第一节　主权财富基金的形式和功能

一、多样化的主权财富基金形式[①]

SWFs 是由政府设立并管理国有金融资产的投资实体，其依法作为国有基金聘用专业的基金管理人员。[②] 从 1953 年科威特成立全球第一家 SWFs 后，SWFs 已经从简单的政府储备演变成复杂的投资机构，成为全球金融体系中的重要力量。2023 年，全球有超过 100 家 SWFs，管理着 11.3 万亿美元的资产，是 2000 年的近 10 倍（见图 3 - 1）；其中 40% 的规模来自中东地区，37% 和 16% 分别来自亚洲和欧洲（见图 3 - 2）。

[①] Dixon, Monk, and Toledano . The Oxford Handbook of Sovereign Wealth Funds. 2017.

[②] 根据定义，SWFs 不包括中央银行、财政部等政府实体。但有部分观点认为沙特阿拉伯货币局也是主权财富基金，因为它管理着沙特阿拉伯的养老基金，其投资组合比传统的中央银行更加多元化。Clark, Dixon, and Monk . Sovereign Wealth Funds: Legitimacy, Governance, and Global Power, 2013.

万亿美元

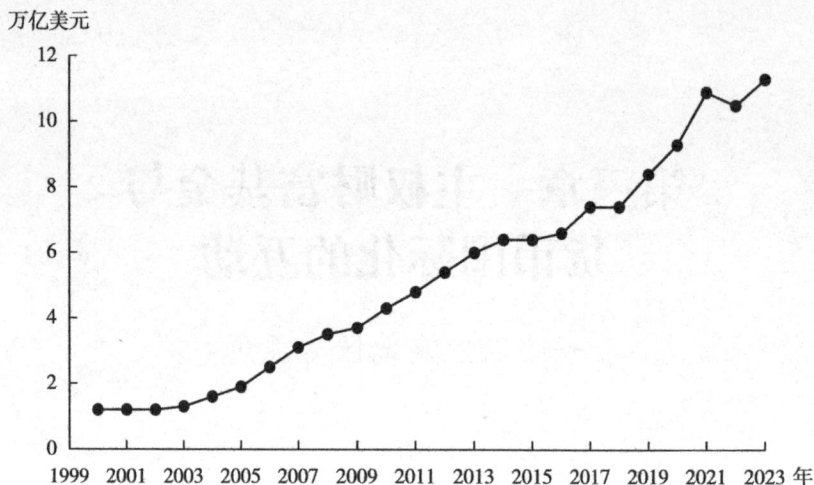

图 3－1 全球主权财富基金资产管理规模（2000—2023 年）
［资料来源：全球主权财富基金网站（Global SWF）］

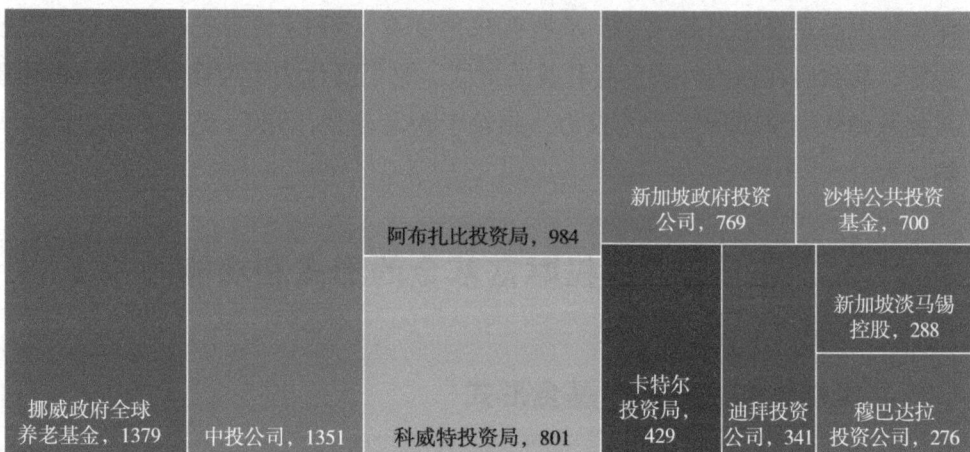

注：单位为 10 亿美元。

图 3－2 全球前十大主权财富基金及其资产管理规模（2023 年）
（资料来源：全球主权财富基金网站）

可以从不同维度对 SWFs 形式进行划分。按投资来源，可将 SWFs 粗略分为商品基金和非商品基金。商品基金通常依赖于一国的自然资源收入，如石油、天然气等。如挪威政府养老全球基金（Norway Government Pension Fund Global）、俄罗斯国家财富基金（Russia National Wealth Fund）和三大海湾国家投资局（阿布扎比、卡塔尔和科威特）等。商品基金在所有 SWFs 中的占比随着石油和天然气价格的波动而波动。如 2008 年 7 月石油价格高达 147 美元时，高达 88% 的 SWFs

资金来自石油和天然气销售的利润。[①]

非商品基金的资金来源多样，与自然资源收入关联较小，又可细分为储备投资基金、财政盈余基金和特定收益基金。储备投资基金由官方外汇储备演变而来，但与官方储备分开管理，因此投资于安全和流动性证券的压力较小，如新加坡政府投资公司（GIC）。财政盈余基金来源于政府的财政盈余，如中国投资有限责任公司[②]（China Investment Corporation，以下简称中投公司）、澳大利亚未来基金（Australia Future Fund of Authority）和新西兰超级基金（New Zealand Superannuation Fund）。特定收益基金主要来源于国有资产的出售、国有企业的盈利以及商业公司的股份，如马来西亚国库控股（Malasia Khazanah Nasional）和新加坡淡马锡控股（Singapore Temasek Holdings）等。

按投资目标，可将SWFs分为稳定型基金、储蓄型基金和发展型基金。稳定型基金希望使预算和经济不受商品价格波动（如石油收入）的影响，并有助于缓解资源驱动型经济的风险[③]，因此往往仅限于投资AAA级债券[④]，是保守的被动投资者。2015年石油和天然气价格的下跌导致许多石油国家动用其SWFs来为预算赤字提供资金[⑤]，如俄罗斯国家财富基金和科威特投资局（KIA）。储蓄型基金是为了实现财富的代际共享，应对未来的养老金支出，是寻求收益的被动投资者，如阿布扎比投资局（ADIA）、挪威政府养老全球基金和新西兰超级基金。发展型基金通过收购海外战略资产（自然资源或特有技术）来支持母国经济目标，是战略性的积极投资者，如中国的中投公司收购德国中小型制造业企业[⑥]，以阿联酋穆巴达拉投资公司（Mubadala Ivestment Company）为代表的部分海湾SWFs收购非洲农业用地[⑦]。

---

① IMF. https://www.elibrary.imf.org/display/book/9781589069275/CH001.xml#ch01fn03.

② 中国投资有限责任公司（CIC）的初始资金来源于政府发行国内债券，这使得资金的来源和成本非常明确。在2007年中投公司成立时，财政部发行了一批10~15年期特别国债，总额约为200亿美元，从1.4万亿美元的外汇储备中购买外汇（汇率在4.3%~4.68%），然后将资金注入中投公司。因此，中投公司有一个隐含的名义门槛，即约4.5%加上人民币的升值（或减去贬值）。

③ Fotak, V., Bortolotti, B., Megginson, W., et al. The Financial Impact of Sovereign Wealth Fund Investments in Listed Companies. Unpublished Working Paper, University of Oklahoma and Università di Torino, 2008.

④ Blackburn, J., DelVecchio, B., Fox, I., et al. Do Sovereign Wealth Funds Best Serve the Interests of their Respective Citizens? Chicago: University of Chicago Graduate School of Business, 2008.

⑤ Blas, J. Shrinking Sovereign Wealth Funds are Ducking Davos. http://www.bloomberg.com/news/articles/2016-01-19/the-incredible-shrinking-wealth-funds-that-are-ducking-davos.

⑥ Casaburi, I. and Broggi, C. B. The Internationalization of Chinese Companies and Their Presence in Europe. Barcelona: ESADE, 2015.

⑦ Cotula, L., Vermeulen, S., Mathieu, P., et al. Agricultural Investment and International Land Deals: Evidence from a Multi-Country Study in Africa. Food Security, 2011, 3 (1): 99 - 113.

二、独特的主权财富基金资产配置[①]

为了服务政府的战略目标，SWFs 需要在不同行业和区域持有不同的投资组合，这样才能在波动的市场中平衡风险和回报。近年来，SWFs 的资产配置总体上呈现从传统资产（股票、债券）到另类资产（房地产、私募股权、基础设施）、从传统市场到新兴市场的转变。具体来看有三大特征。

一是地理位置分散且有重点。在全球投资策略的背景下，SWFs 仍需根据自己的优势、风险偏好和战略目标进行不同的区域分布（见表 3－1）。如挪威政府养老全球基金在欧洲市场尤其是北欧国家有更深入的投资布局；科威特投资局传统上在美国和欧洲市场有较大比重的投资，近年来在亚洲市场，特别是在中国的投资显著增加；新加坡淡马锡控股重点投资亚洲市场，尤其是东南亚国家。

表 3－1　　　　　全球 SWFs 主要投资地区（2022—2023 年）　　　　　单位：%

2022 年		2023 年	
目的地	占比	目的地	占比
美国	58	美国	63.2
英国	13.5	中国	13.9
印度	8.2	印度	6.9
沙特阿拉伯	2.9	沙特阿拉伯	5.7
德国	2.7	韩国	4.2

资料来源：全球主权财富基金.2023 主权财富基金（*Sovereign Wealth Funds* 2023）［R］.2023.

二是行业既多元又有专注（见图 3－3）。如挪威政府养老全球基金特别注重可再生能源和可持续性发展项目；沙特阿拉伯公共投资基金（PIF）在技术和创新行业特别突出[②]；阿联酋穆巴达拉投资公司和科威特投资局分别在半导体制造行业与教育医疗领域有大量投资；新加坡淡马锡控股特别专注于对生物技术公司和医疗技术的投资。

三是股权多元性。SWFs 在涉及股权投资时有三类模式。首先是大额股权投资，如挪威政府养老全球基金在全球范围内的大型上市公司（如苹果公司、微软公司）中持有大额股权，但很少控股。其次是控股股权投资。卡塔尔投资局（QIA）曾对伦敦的大型房地产项目（Canary Wharf Group）和高端百货公司（Harrods）进行过控股投资。最后是战略性少数股权投资。中投公司有时选择在

---

① Clark, Dixon, and Monk Sovereign Wealth Funds：Legitimacy, Governance, and Global Power. 2013.

② 例如对电动汽车制造商路西德公司（Lucid Motors）和软件巨头软银（SoftBank）的愿景基金（Vision Fund）的重大投资。

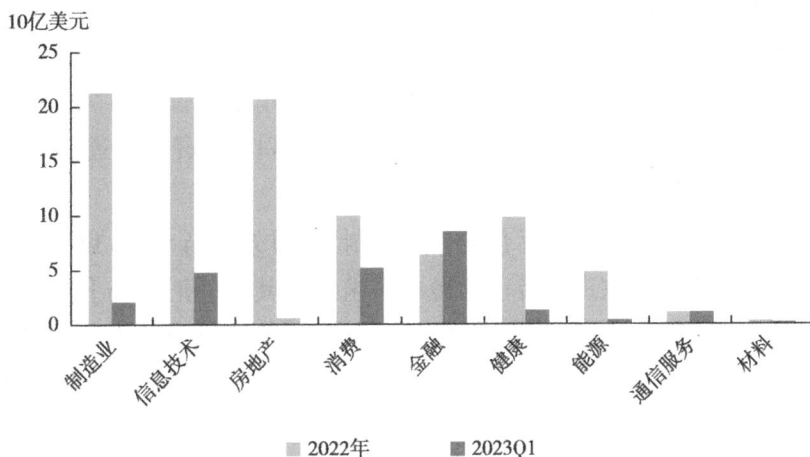

图 3 - 3　全球 SWFs 主要配置行业（2022 年和 2023Q1）

（资料来源：全球主权财富基金 . 2023 主权财富基金［R］. 2023）

战略性行业或公司［如加拿大矿业公司泰克资源（Tech Resource）］中持有重要的少数股权，这样既可以参与关键领域的投资，又能保持一定的灵活性。

第二节　主权财富基金推动货币国际化

一、主权财富基金推动货币国际化的作用机制

金融资产的国际流动是货币国际化的必然结果。从宏观层面来看，海外资本对一国股票和债券市场的投资情况，以及国际投资者在该国资本市场的参与程度，直接反映了该国金融资产的国际吸引力。从微观层面看，海外投资者资产组合中配置的该国资产的比例变化，更能细致地揭示不同类别的货币资产的国际吸引力。

作为经济政策工具，各国有动力利用 SWFs 来实现更广泛的经济目标[1]，包括本币国际化。但是，SWFs 的全球投资不可避免地会对东道国货币的国际化产生影响，尤其是在 SWFs 母国的经济体量和东道国不相当的情况下。具体讨论如下。[2][3][4][5]

---

① Malan and Alexandroff . The New Frontiers of Sovereign Investment. 2017.

② Balding . The Role of Sovereign Wealth Funds in Global Financial Intermediation. 2012. Patrick Bolton et al. Sovereign Wealth Funds and Long – Term Investing. 2012.

③ M. Fotak . Sovereign Wealth Funds and International Political Economy. 2010.

④ Truman . Sovereign Wealth Funds and the International Financial System. 2010.

⑤ Gelpern et al. Financial Stability and Sovereign Wealth Funds. International Finance，2009.

第一，推动本币国际化的作用机制。当 SWFs 使用本国货币进行国际投资时，会直接增加本币的全球流通规模，交易额越大，本币在全球的接受度就越大，从而进一步提高本币在国际贸易中的使用规模。但使用本币投资的情况主要发生在 SWFs 母国的经济体量远大于东道国时，或母国 SWFs 投资对东道国具有重要意义时。

第二，推动东道国货币国际化的作用机制。[①] 首先，当 SWFs 以东道国货币投资其资产时，会增加对东道国货币的短期需求，使其在外汇市场上走强，特别是当东道国已经是全球金融的主要参与者时。2008 年国际金融危机期间卡塔尔投资局对英国巴克莱银行进行了 40 亿英镑的投资，2012 年中投公司投资了英国的水务公司 Thames Water，使用英镑来完成交易，均提振了英镑的短期价格。

第三，通过长期的分散投资策略，SWFs 显著影响东道国货币的长期估值，特别是当东道国是小型经济体或新兴经济体时。一方面，长期投资为东道国带来稳定的资本流入，增加了外汇储备，从而增强了东道国货币的稳定性。另一方面，东道国货币在外汇市场上的升值也反映了国家经济的增长，增强了货币的国际吸引力。尤其对依赖单一出口商品的国家，如石油出口国，SWFs 的多元化投资帮助这些国家减少对单一商品的依赖，促进经济多元化，从而提高其货币的长期价值。值得注意的是，随着 SWFs 投资的增加，东道国（尤其是小型经济体或新兴经济体）可能需要调整其宏观经济政策，包括货币政策和财政政策，以适应资本流入带来的影响。

二、中东主权财富基金推动美元国际化的经验

（一）中东 SWFs 运用美元的发展历程

中东 SWFs 和美元国际化的历史关系与 20 世纪 70 年代的"石油美元循环"（Petrodollar Recycling）过程密不可分。

第一步是美元输出到中东。在 1973 年的石油危机后，石油输出国组织（OPEC）显著提高了石油价格。全球石油贸易主要以美元进行结算，导致中东石油出口国，特别是沙特阿拉伯、阿联酋和科威特等海湾合作组织（GCC）国家获得了大量的美元收入，积累了以美元为主的外汇储备，超出了短期内的国内投资需求。

第二步是离岸美元的境外循环和回流。随着外汇储备的增长，中东国家开始创建 SWFs，以便更有效地管理这些资产。科威特在 1953 年就设立了科威特投资

---

① Balding. A Portfolio Analysis of Sovereign Wealth Funds. 2018.

局，这是世界上最早的 SWF 之一。在 20 世纪 70 年代石油收入激增后，更多中东国家建立了自己的 SWFs。它们一方面将美元存放在欧洲的离岸美元市场上，如伦敦的银行；另一方面将美元转投至美国的金融市场，促成了美元的回流。

初期，为了保持稳定性和流动性，中东 SWFs 主要购买美国国债或储蓄在美国的大银行中。到了 20 世纪 80 年代，中东 SWFs 开始涉足股票市场，投资美国大公司的股票；还有部分资金被用于直接投资，包括购买办公楼、酒店和购物中心等商业地产。进入 90 年代后，随着美国科技创新和互联网的快速发展，中东SWFs 从传统的安全资产向风险资产转变，开始探索私募股权投资、对冲基金，以获取高额回报；直接投资规模也急速上升，并开始收购美国的战略资产，寻求经济转型和国家战略目标的实现，但大部分都由于引发了美国国内的担忧而失败。[①]

（二）中东 SWFs 对美元国际化的影响[②]

上述过程不仅促进了中东国家 SWFs 的发展，使其成为全球金融市场中的重要参与者，更加强了美元在全球金融体系中的地位，对美元国际化产生了积极影响。

第一，中东 SWFs 将美元资产投资于美国的国债、股票市场和其他金融资产，促进了美国金融市场的深度和流动性。如阿布扎比投资局管理的资产高达 9000 亿美元有余，其中 45% ～60% 投资于美国各类金融资产。

第二，2007 年美国次贷危机后，中东 SWFs 通过对美国金融机构数十亿美元的注资，稳定了美国金融市场，避免了系统性危机，间接支持了美元的稳定。在 2008 年国际金融危机的早期阶段，中东 SWFs 向美国各金融机构注入了 40 亿美元的巨额资金，帮助美国和全球经济避免了更严重的下跌和更严重的衰退。[③] 如阿布扎比投资局向花旗集团注资 75 亿美元，并获得 4.9% 的股权；科威特投资局向花旗集团和美林证券分别注资 9.8 亿美元和 23.9 亿美元。研究证明，国际金融危机后，接受 SWFs 注资的银行比非 SWFs 支持的银行具有更好的资本充足率。[④]

第三，离岸美元的投资活动加大了美元在全球金融体系中的流通，发展并巩固了美元作为国际交易和储备货币的地位。根据 SWIFT 的数据，截至 2024 年第一季度，美元在全球跨境支付中占据了 41.4% 的份额；在国际贸易结算中占据了

① Chakrabortty, A. Dude, Where's My North Sea Oil money？". https：//www. theguardian. com/commentisfree/2014/jan/13/north – sea – oil – money – uk – norwegians – fund.

② Setser. Sovereign Wealth and Sovereign Power：The Strategic Consequences of American Indebtedness. 2018.

③ A. Aslund. The Truth about Sovereign Wealth Funds. Foreign Policy, 2007.

④ L. Anderloni, D. Vandone. Sovereign Wealth Fund Investments in the Banking Industry. Departmental Working Papers, 2012.

约 79.5% 的份额；在外汇交易中，美元参与的交易对占据了 90% 以上的市场份额；美元仍是全球储备货币的首选，占全球官方外汇储备的 59%。

第四，中东 SWFs 对美元资产的大量需求，特别是在国债和其他安全资产上的需求，提高了全球市场对美元资产的总体需求。截至 2023 年末，沙特阿拉伯和阿联酋等国的 SWFs 持有的美国国债总额超过 2000 亿美元。

第五，SWFs 作为低杠杆的长期投资者，带来美国金融市场的长期稳定，促进美国更高的经济增长，从而支持了美元的内在价值。

综上所述，石油美元循环通过中东 SWFs 的多方面影响，显著加强了美元在全球金融体系中的地位。这些基金不仅通过大量投资支持了美国金融市场的深度和流动性，还通过国际金融危机期间的注资稳定了市场，推动了美元的国际化进程。

第三节　中东主权财富基金与人民币国际化互动

一、中东主权财富基金的资产配置

近两年来，中东 SWFs 在全球资本市场的配置表现出以下显著的趋势和特点。

第一，资产管理规模巨大。由于地缘政治冲突、高通胀和利率上升，中东 SWFs 获得大量资本流入，资产管理规模持续攀升，在全球仅次于亚洲。截至 2023 年 11 月，中东地区前 15 大 SWFs 的资产管理规模达到 4.3 万亿美元，接近全球 SWFs 的 40%。其中 5 家位列 2022 年最活跃的 SWFs 之中，包括阿布扎比投资局、沙特阿拉伯公共投资基金、阿联酋穆巴达拉投资公司和阿布扎比投资局以及卡塔尔投资局。

第二，对另类资产的投资占比高。由于比其他类型的机构投资者拥有更少的短期和中期负债，中东 SWFs 在作出投资决策时具有灵活性，包括房地产、大宗商品和对冲基金等可以对冲通货膨胀的非传统资产类别。截至 2023 年末，中东 SWFs 对另类资产的平均配置率从 2021 年底的 22%[①] 提高到 44%（见图 3-4）。其中，穆巴达拉投资公司专注于欧洲资产，阿布扎比投资局集中投资于北美市场和新兴市场。从投资领域来看，中东 SWFs 近两年的投资主要集中在新兴科技领域和基础设施领域。如阿布扎比投资局和新加坡政府投资公司共同投资了泰邦生物（Taibang Biol ogic）、特里维尼涡轮（Triveni Turbine）和气候科技（Climate

---

① https://www.globenewswire.com/en/news-release/2023/06/14/2687809/0/en/Asia-and-Middle-East-sovereign-wealth-funds-drive-AUM-growth-Preqin-reports.html.

Technology）等几个项目。

第三，对私人债务的投资占比高。由于具有稳定的收入流，以及私人债务普遍采用浮动利率，能够很好地对抗利率上升，直接贷款在2023年是中东SWFs最受欢迎的投资策略，占所有112项私人债务基金投资的46%。

第四，对可再生能源的投资超过对化石燃料的投资。2022年，中东SWFs在51个绿色交易中投资了187亿美元，占全球SWFs绿色投资的29%；而在11个传统能源交易中，中东SWFs的投资则为67亿美元。[①] 2023年，这些基金在气候技术领域的投资达到50亿美元，是2022年1.8亿美元的3倍[②]，特别是在太阳能和风能项目上，推动绿色氢和低排放制造业的发展。

第五，与新兴市场联合投资。一方面，中东SWFs更看好新兴市场的发展前景，如卡塔尔投资局向南非以运输通信和能源为重点的基础设施投资了4亿美元，阿布扎比和马来西亚在能源、旅游和房地产方面投资合作。另一方面，共同利益带来更大的合作与协调，卡特尔投资局与印度尼西亚合作投资在越南的自然资源开采和旅游业等。

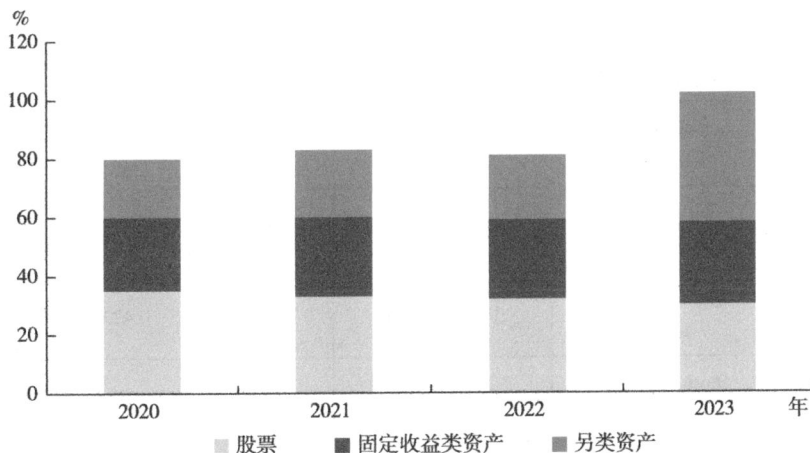

图3-4　中东主权财富基金资产配置类别（2020—2023年）
（资料来源：全球主权财富基金网站）

中东SWFs对另类资产的高度偏好反映了其在全球金融市场中的独特定位和战略选择。从最新数据来看，多个中东SWFs在其资产配置中都表现出对另类资产的显著投资比例（见表3-2）。例如，穆巴达拉投资公司的另类资产占比高达

① https://www.thenationalnews.com/business/economy/2023/01/02/gulf-sovereign-wealth-funds-set-to-shine-more-than-ever-in-global-markets-in-2023/。

② https://www.pwc.com/m1/en/esg/2023-middle-east-climate-tech-report.html。

67%，而迪拜投资公司（ICD）和阿布扎比发展控股公司（ADQ）的另类资产占比分别为65%和45%。

表 3-2　　　　　　　　　　　　中东前15大主权财富基金（2023年）

国别	名称		成立年份	资产管理规模/ 10亿美元	另类资产 占比/%
沙特阿拉伯	Public Investment Fund	公共投资基金	1971	730	37
	NDF	国家发展基金	2017	132	100
阿联酋	Investment Corporation of Dubai	迪拜投资公司	2006	341	65
	Abu Dhabi Investment Authority	阿布扎比投资局	1967	984	32
	Mubadala Investment Company	穆巴达拉投资公司	1984	276	67
	ADQ	阿布扎比发展控股公司	2018	199	45
	Emirates Investment Authority	酋长国投资局	2007	91	21
	Dubai World	迪拜世界	2005	47	100
	Dubai Holding	迪拜控股	2004	35	93
科威特	Kuwait Investment Authority	科威特投资局	1953	801	23
	Gulf Investment Corporation	海湾投资公司	1983	3.3	
卡塔尔	Qatar Investment Authority	卡塔尔投资局	2005	429	41
阿曼	Oman Investment Authority	阿曼投资局	1980	47	31
伊朗	National Development Fund of Iran	国家发展基金	2011	150	79
巴林	Bahrain Mumtalakat Holding Company	巴林穆巴拉克控股	2006	18	79
合计				4283.3	
加权平均					42.5

资料来源：全球主权财富基金网站，https://globalswf.com/ranking。

二、中东地区与中国双边贸易关系发展

随着"一带一路"倡议在促进双方贸易往来方面发挥重要作用，中国与中东

地区的贸易往来在过去十年内稳定增长，实现良好的优势互补（见图 3-5）。
2019 年，中东向中国的出口额达到 1320 亿美元，远超向美国出口的 410 亿美元，
几乎与整个欧盟向中国的出口额相当。2022 年中东地区成为中国双边贸易增长最
快的贸易伙伴，主要国家与中国的贸易总额年增长率达到 34%。此外，中国对多
数中东国家的进口大于出口，特别是在 2020—2022 年，显示出持续扩大的贸易逆
差，体现了中国能源和原材料需求的旺盛，同时也反映出中东国家经济在不同程
度上依赖于对中国的出口。近年来中东石油出口大国积极实施经济多元化政策，
优化商品出口结构，加大非石油类商品的出口力度。为此，中国也积极扩大从中
东地区的非油类商品进口，尤其是农产品的进口。

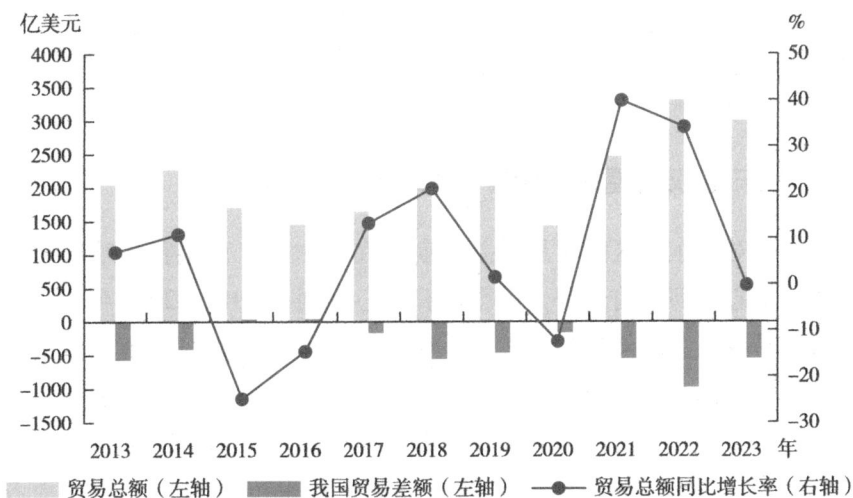

图 3-5　中国与中东地区双边贸易规模及增速（2013—2023 年）
（资料来源：中国海关总署）

分国别看，中国与中东地区双边贸易有如下三个特点。其一，沙特阿拉伯
是中国在中东地区最大的贸易伙伴，中国也是沙特阿拉伯最大的贸易伙伴。
2020—2023 年，沙特阿拉伯与中国双边贸易总额年均维持在 1000 亿美元以上，
占中国与中东地区双边贸易总额的 1/3；中国对沙特阿拉伯出口增速远高于其他
中东国家。其二，阿联酋是中国在中东地区最大出口市场和第二大贸易伙伴，中
国向阿联酋主要出口机电、高新技术、纺织和轻工产品，其贡献了接近 3/4 的贸
易顺差。其三，阿曼、卡塔尔和科威特等国的国内建设需求有限，相对更依赖对
我国的出口，它们是中国对中东地区除了沙特阿拉伯之外的主要贸易逆差来源国
（见表 3-3）。

表 3 - 3　　　　　中国与中东主要国家双边贸易规模（2023 年）

中东主要国家	进出口总额/亿美元	累计同比增长率/%	中国出口总额/亿美元	累计同比增长率/%	中国进口总额/亿美元	累计同比增长率/%	贸易差额/亿美元
沙特阿拉伯	1072	-7.1	429	14.4	644	-17.3	-215
阿联酋	950	-3.6	557	3.1	393	-12.6	164
阿曼	351	-13.1	38	-9.6	313	-14.5	-275
卡塔尔	245	-7.4	36	-10.2	209	-6.8	-173
科威特	224	-28.6	52	5.8	172	-35.6	-119
伊朗	147	-6.2	101	8.8	46	-31.3	55
巴林	17	-12.7	15	-14.6	2	-15.5	14
合计	3006	-0.2	1228	6.1	1779	-17.5	-549

资料来源：中国海关总署。

三、中东主权财富基金的跨境人民币使用

由于中国对中东地区的贸易逆差长期存在，中国工商银行多哈分行、卡塔尔人民币清算中心和阿联酋迪拜人民币清算中心分别在 2014—2017 年启动，用于推广人民币贸易融资、海外贷款、人民币存款等服务。自 2023 年起，沙特阿拉伯和阿联酋开始以人民币进行石油和液化天然气交易，从而带动了更多的双边贸易以人民币进行结算，中东地区的人民币资金池日益扩大。如前所述，2023 年中国与中东主要国家的双边贸易总额为 3006 亿美元，如果按照 2023 年人民币占同期货物贸易本外币跨境收付比 24%[①]估算，流至中东地区的人民币约为 5000 亿元。其中部分沉淀为迪拜等中东金融中心的离岸人民币存款，部分转化为中东货币当局外汇储备，部分通过中东 SWFs 回流至中国境内进行直接或间接投资。

（一）中东 SWFs 投资组合中的人民币份额

过去，中东 SWFs 的投资主要集中在美元资产上。增加对人民币资产的投资，能够在一定程度上降低对单一货币和市场的依赖，更好地实现世界经济不确定条件下的风险管理。如在阿布扎比投资局的投资组合中，人民币资产的份额从 2019 年的 4.5% 上升到 2023 年第一季度的 22.9%。[②]

（二）中东 SWFs 对华直接投资

近两年中东 SWFs 对中国多个领域进行了积极投资。不同机构的投资偏好不

---

① 中国人民银行. 2023 年人民币国际化报告［R］. 2023.
② 兴业证券. 中东资金在买什么. 2023 - 05 - 06.

同。在直接投资方面，阿布扎比投资局在2023年第三季度末持有24家中国A股上市公司股票，主要集中在消费电子、生物医药和有色金属等领域，如云南铝业、中国巨石和铜陵有色等公司。科威特投资局更偏好中小型公司的成长股，包括化妆品、制造业、游戏、太阳能和有色金属等。2023年，科威特投资局对高增长潜力的公司进行了投资，如对电动汽车制造商小鹏和短视频平台快手的投资，2023年第三季度末持有26家A股上市公司股票①。沙特阿拉伯公共投资基金在2023年参与了多个对华投资项目，特别是在电动汽车和新兴技术领域，如与富士康共同创立了电动汽车品牌希尔（Ceer Motors），并计划在沙特阿拉伯建立一个大型制造工厂。阿联酋穆巴达拉投资公司在2022年投资了Boss直聘和快手，又于2023年9月在北京设立了办事处，2024年与阿布扎比投资局一同收购了万达集团的主要购物中心业务。

（三）中东SWFs对华间接投资

一方面，中东SWFs通过母基金投资中国的子基金和企业，特别是在风险投资、前沿科技、新消费市场和生物科技等领域。早在2015年，阿联酋穆巴达拉投资公司就和中国国家开发银行及国家外汇管理局共同出资成立了中国—阿拉伯基金，总规模为100亿美元，用于投资中国和阿拉伯国家的高增长行业，包括传统能源、基础设施建设、高端制造和清洁能源等领域。阿联酋穆巴达拉投资公司控股的另类资产管理公司恩伟资本（Investcorp）在2023年为其首只人民币私募股权基金筹集了20亿元至40亿元人民币，用于在中国的并购投资。另一方面，中东SWFs通过申请人民币合格境外机构投资者资格（RQFII）投资中国的证券期货市场（见表3-4）。

表3-4　　　　　获得RQFII资格的中东主权财富基金（2024年）

中文名称	英文名称	注册地	批准日期	主托管行
阿布扎比投资局	Abu Dhabi Investment Authority	阿联酋	2008-12-03	汇丰银行
科威特投资局	Kuwait Investment Authority	科威特	2011/12/21	中国工商银行
卡塔尔控股有限责任公司	Qatar Holding LLC	卡塔尔	2012/9/25	中国农业银行
科威特投资办公室	Kuwait Investment Office	科威特	2021/8/24	汇丰银行
公共投资基金	Public Investment Fund	沙特阿拉伯	2021/11/5	汇丰银行

资料来源：中国证监会，http：//www.csrc.gov.cn/csrc/c101900/c1029652/content.shtml。

① https：//english.sse.com.cn/news/newsrelease/voice/c/5728644.shtml。

55

结语

中东 SWFs 对全球资本市场有着重要影响。中东地区财富越来越多地集中在中国，不仅展现了中东国家对中国经济前景的信心，也标志着全球资本流动的重大转变。其驱动因素来自以下几个方面。一是中国经济的增长潜力。作为世界第二大经济体，中国的市场规模和增长潜力吸引了大量国际投资者，为中东 SWFs 提供了具有吸引力的投资环境。二是中国金融市场的开放。中国放宽了对外国投资者持有中国股票和债券的限制，中东 SWFs 可以实现对中国金融资产的投资，享受中国市场带来的收益。

理论上，中东 SWFs 选择更多使用人民币进行交易和投资，会促进人民币的国际化，但这种转变需要时间。中东 SWFs 是否能像 50 年前帮助美元成为世界货币那样对人民币产生类似的影响，还受到多种经济和政治因素的影响。美元之所以成为世界货币，在很大程度上是因为美国的经济规模、贸易影响力以及金融市场的深度和成熟度。相比之下，尽管中国经济规模巨大，但在金融市场的成熟度和开放程度上与美国仍有一定差距。不仅如此，当前的国际货币体系是多元化的，美元占据主导地位，其他货币如欧元、日元等也扮演着重要角色，印度卢比也开始受到关注。人民币要成为世界货币，需要在这个复杂体系中找到与中国经济发展相适应的路径。

第四章　净值化转型背景下
中国银行理财趋势探究

本章首先回顾了银行理财净值化转型的背景,从"预期收益+刚性兑付+资金池"的运行模式出发,探讨该模式引发的问题。在此基础上,本章系统阐述了银行理财净值化转型的成效,从净值型产品占比、底层资产配置结构、投资者规模与结构以及整体风险偏好等方面进行展开。最后,本章重点探讨了银行理财的最新发展趋势。

第一节　银行理财净值化转型的背景

一、预期收益的刚性兑付扭曲了市场风险缓释机制

在净值化转型之前,银行理财多以预期收益模式存在。在这种模式下,无论实际投资产生收益还是损失,均按预期收益进行刚性兑付。这就促使理财产品实际上异化为银行存款,偏离了资产管理的本源。鉴于预期收益所隐含的收益性,以及刚性兑付带来的安全性,理财产品和银行存款之间的利差长期导致存款脱媒,同时也带来了银行理财市场的迅速发展,如图4-1所示。具体而言,在资管新规发布前,预期收益利差处于上涨区间,银行理财规模随之持续提升,2017年底理财产品存续余额已达局部高点。此后,预期收益利差持续走低,银行理财产品规模的增长趋势也受到影响。

但与此同时,这种风险收益的不对称性将投资者本应承担的资产减值风险转移至作为受托人的金融机构,使得相关风险停留在金融体系内部并不断积累。一旦遭受金融冲击,刚性兑付模式下风险爆发将直接对金融机构造成巨大影响。与投资者相比,金融机构风险传染的速度较快且影响范围较广,因而理财产品预期

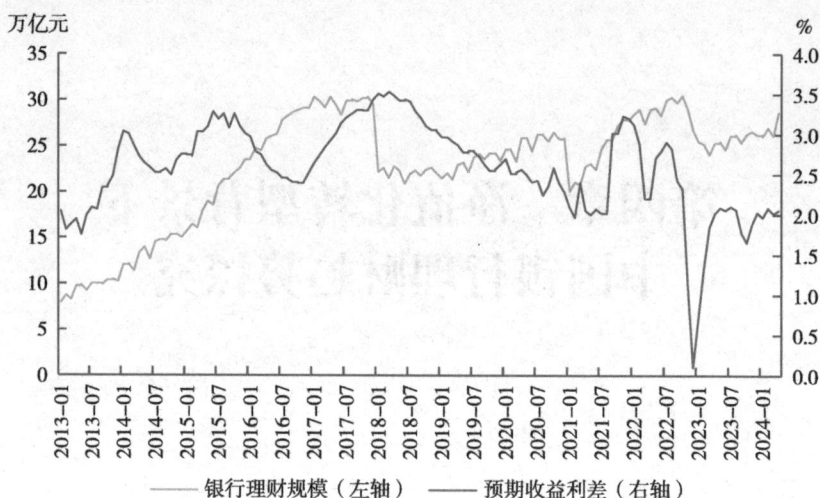

注：预期收益利差是指理财预期收益率与存款利率之间的差值。2021年9月以后预期收益率数据缺失，以平均年化收益率代替。

图4-1　预期收益利差推动银行理财迅速发展
（资料来源：万得、银行业理财登记托管中心、普益标准金融数据平台）

收益和刚性兑付的存在大大加剧了金融体系的脆弱性。

对于资管机构而言，重收益轻风险的经营模式容易引发逆向选择。在投资实践中，风险收益遵循对称性原则，追求高收益的资管机构承担较高的风险水平，而看重风险管理的机构收益相对较低。如此一来，预期收益的刚性兑付则会扭曲市场资源的优化配置和机构竞争的公平秩序，具备较高刚性兑付收益的机构持续获得客户青睐，注重稳健经营的机构长期处于不利竞争位置。最终，风险水平高的资管机构逐步将注重风险防范的机构驱逐出市场，逆向选择的存在使得金融体系内的风险持续积累。

对于投资者而言，预期收益的存在倾向于淡化其风险意识。长期不对称的风险收益会使得投资者误解银行理财的本质，误认为投资理财产品只有收益而无风险，进而逐步忽视投资过程中存在的风险。在市场波动加剧时，投资者日益淡化的风险意识会进一步增加银行和理财公司的刚性兑付压力。当风险积累到一定程度，刚性兑付难以为继势必会损害到投资者利益。

二、多层嵌套引发资金空转并提高了实体经济的融资成本

多层嵌套引致理财资金空转等监管套利行为。在银行理财开启净值化转型之前，个别理财产品为规避投资范围、合格投资者以及杠杆等限制，采取多层嵌套

行为。对于银行理财，则呈现为同业理财规模持续攀升，在全部理财产品存续余额中的占比随之提升。具体来看，在净值化转型之前同业理财余额持续增长，并于2017年1月达到峰值，高达6.65万亿元，占全部理财产品余额的22.88%。在监管趋严措施的作用下，同业理财规模逐步下降，具体如图4-2所示。

理财资金空转引发隐性加杠杆并降低了服务实体经济的能力。一方面，由于同业理财无须缴纳存款准备金，通过融入低息资金配置较高预期收益的同业理财产品，能够获得稳定利差带来的收益，从而提升整体杠杆水平和金融风险。另一方面，资金空转通过将资金在金融体系之内运转减少向实体经济的配置，抑或拉长流向实体经济的融资链条，进而推升实体经济的融资成本，从整体上降低了对实体经济的服务力度。

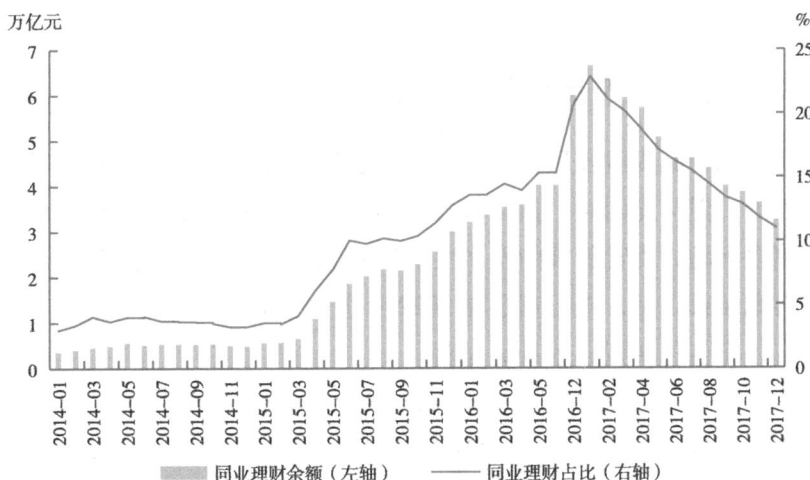

注：2016年7月至11月数据缺失。

图4-2　净值化转型前同业理财存续余额及占比

（资料来源：万得、银行业理财登记托管中心）

三、资金池运作模式加剧了期限错配和流动性风险

资金池运作模式通常具备滚动发行、集合运作和分离定价等特征，通过期限错配等方式获取收益，有助于提升管理效率。理财产品的期限通常较短，而理财产品所配置的资产相对较长，资金池通过久期管理将长期资产拆分成短期理财产品，将风险和收益在投资者之间进行转移。随着银行理财规模日趋壮大，这种期限错配风险与日俱增。

风险隔离的不足易引发流动性风险。集合运作的最大问题就是风险隔离的不足，资金和资产无法一一匹配，风险和收益无法对等。在这种情况下，当某项资产出现问题时，容易造成投资者大规模赎回，进而引发流动性风险。如果存在适当的风险隔离措施，能够在资金池之间建立清晰的联系，明确资产的来源和资金的投资去向，就能够在极端情况下有效防范风险的蔓延。

信息披露不充分促使信用风险逐步积累。为保证收益的稳定性，银行理财主要配置于固定收益证券，尤以信用债为主。随着所承接的信用资质较差的高收益债券的增加，银行理财所面临的信用风险逐步积累。同时，鉴于资金池模式下信息披露不够充分，局部发生信用风险时通过滚动发行和集合运行弥补损失，相应的信用风险被掩盖并日益增加。

第二节　银行理财净值化转型的成效

一、净值型理财产品比重持续提升

在经历初创与起步阶段后，银行理财先后通过非标拉升和同业空转等方式获得了长足发展。但与此同时，预期收益、刚性兑付以及资金池等运行模式对银行理财造成诸多问题，资管新规的发布促使银行理财进入了净值化转型阶段。在资管新规过渡期结束以后，银行理财在 2022 年进入全面净值化时代，净值型产品比重不断提升，净值化转型成效日益显著。

具体来看，2022 年底净值型理财产品存续规模高达 26.39 万亿元，占全部理财产品存续规模的 98.78%。在此基础上，银行理财净值化程度持续提升。截至 2024 年 6 月，净值型理财产品存续规模已上涨至 28.74 万亿元，占比提升至 99.38%，较 2022 年底提高了 0.6 个百分点。与此同时，非净值型理财产品存续规模持续缩减，2024 年 6 月占全部理财产品存续规模的比重已不足 1%，具体如图 4 - 3 所示。

随着净值化转型的深入，底层资产的价值波动会迅速传导至理财产品净值，进而对银行理财的存续规模产生影响。2022 年 2 月，俄乌冲突爆发对全球大宗商品形成负面预期，能源短缺造成全球性通货膨胀高企，全球中央银行多次加息导致各国国债收益率持续上升。随着中国金融市场开放的逐步深入，国际冲击导致风险的跨市场传导日趋迅速。受此影响，我国股票、债券和期货市场波动加剧，国债收益率迅速攀升，股票市场持续下行。股票和债券等底层资产的表现较差，造成理财产品净值开始下跌，市场恐慌情绪蔓延造成 2022 年的第一次理财赎回潮。具体来看，2022 年 3 月，1 年期国债收益率上涨 6.17%，上证指数下跌 6.78%，理财产品存续规模减少 1.57 万亿元，具体如图 4 - 4 所示。

万亿元　　　　　　　　　　　　　　　　　　　　　　　　　%

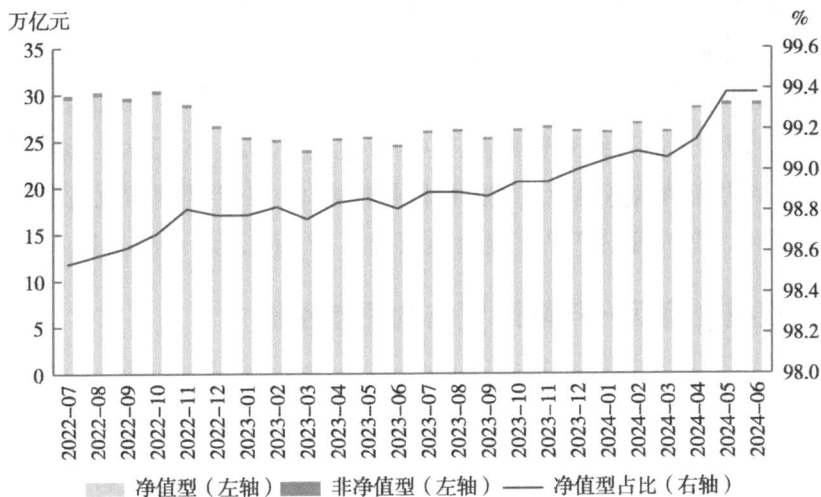

图 4 - 3　净值型理财规模及占比

（资料来源：普益标准金融数据平台）

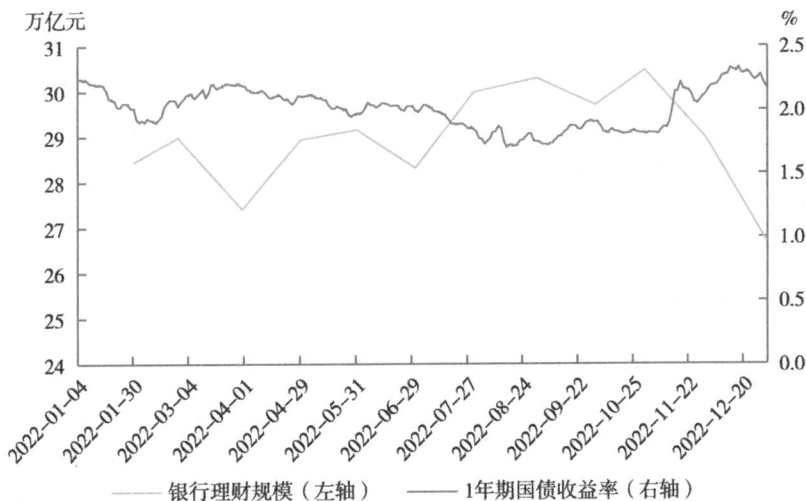

万亿元　　　　　　　　　　　　　　　　　　　　　　　　　%

图 4 - 4　净值波动与银行理财存续规模

（资料来源：中国货币网、普益标准金融数据平台）

　　2022 年下半年债券市场基本面面临较强预期冲击，债券收益率的持续提升造成理财净值波动加剧并超出投资者风险偏好，从而引发 2022 年第二次理财赎回潮。这次赎回潮主要与地产融资政策放松、新冠疫情防控措施优化以及资金面偏紧等因素有关：一是地产融资政策放松，2022 年 11 月房企融资"第三支箭"落地，地产融资"三箭齐发"有助于提升房企融资能力，缓解流动资金紧张的局面，对债市形成利空冲击；二是疫情防控措施优化，经济复苏预期不断增强，市场风险偏好明显回升，推动国债收益率大幅上行；三是资金面边际收紧，2022 年 11 月初资金利率中枢上升，流动性持续回笼促使资金面边际收紧，债券市场波动随之加大。

在上述多重利空因素的叠加下，债券市场情绪受到压制，国债收益率持续攀升，促使理财净值和存续规模大幅下滑。2022年11月，1年期国债收益率涨幅高达16.65%，理财产品存续余额减少1.49万亿元。2022年12月，国债收益率继续攀升，市场恐慌情绪蔓延导致理财赎回规模剧增。1年期国债收益率在12月一度上涨7.73%，造成理财产品存续余额减少2.27万亿元，具体如图4-4所示。

二、规模企稳回升伴随配置结构更趋稳健

债市波动导致银行理财规模在2022年第四季度和2023年第一季度持续下滑，在客户信心低位修复以及市场预期逐渐理性的情况下，银行理财规模逐步企稳回升。2023年第一季度，银行理财产品存续规模触底，共计19.39万亿元。截至2024年第一季度，银行理财产品存续规模已回升至21.07万亿元，增长幅度为8.69%。银行理财产品存续规模的企稳回升在一定程度上反映了投资者理念的转变，对净值波动的容忍度和接受度逐步提升。

金融市场的波动深刻影响着理财产品净值，促使理财产品的配置结构更趋稳健。2022年的两次理财产品赎回潮反映出投资者更加看重稳健性和流动性，这又反过来影响了银行理财的配置决策。固定收益类产品在理财产品的配置结构中占据主导地位，因而固收市场的波动对产品的稳健性影响最大。鉴于此，银行理财通过多元化配置策略分散投资组合，以期控制波动和回撤。在这个过程中，为有效缓解投资者恐慌情绪，银行理财对高流动性和低风险产品的配置大幅提高，其中货币市场类资产的配置比重大幅提高。具体来看，2020年第四季度，货币市场类产品共计1.59万亿元，在所有资产中的占比仅为16.95%。截至2024年第一季度，货币市场类产品的配置规模已增长至8.31万亿元，增长幅度高达4倍以上，在所有配置资产中占比达到39.43%，具体如图4-5所示。货币市场类产品的增加在增强投资组合稳健性的同时，也导致了收益下滑和产品同质化。

三、投资者规模持续扩大且结构趋于优化

资管新规发布以来，银行理财产品日趋丰富，投资门槛逐步下降，理财产品的投资者数量持续大幅增加。2020年底，银行理财的投资者数量总计4162万个，2023年底持有理财产品的投资者数量已增长至1.14亿个，增长幅度高达173.90%。银行理财投资者数量的增加主要有以下原因：一是居民时财富管理的需求逐步扩张；二是理财产品能够满足投资者在保本基础上追求稳健收益的需求；三是在银行理财受到外部冲击时，理财公司通过实施优惠费率以及手工补息

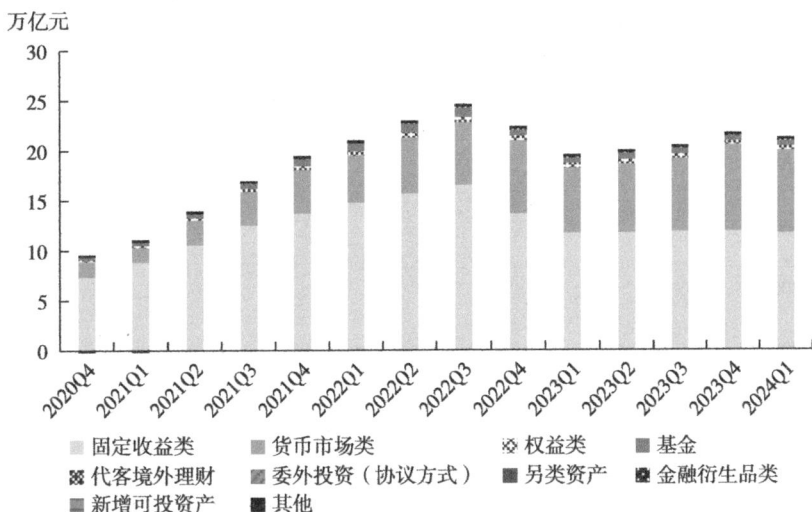

图 4-5　银行理财穿透后资产配置结构

（资料来源：普益标准金融数据平台）

等措施让利投资者，一定程度上维持并吸引了更多投资者购买理财产品。

个人投资者占据主导地位，但占比却在持续下降。2020 年 12 月，持有银行理财产品的个人投资者数量为 4148.1 万个，占全部投资者数量的 99.65%。2023 年 12 月，个人投资者数量已增加至 1.13 亿个，占比则下降至 98.82%。与此同时，机构投资者数量虽然较少，但近年来增长较快，所占比重也在持续提高。2020 年 12 月，持有银行理财产品的机构投资者数量仅为 14.38 万个，所占比重为 0.35%。2023 年 12 月，机构投资者数量迅速增加至 134.6 万个，增长幅度高达 8.36 倍，所占比重也提高至 1.18%，具体如图 4-6 所示。

四、银行理财投资者风险偏好两极分化

投资者风险偏好总体上较为保守。从总体上看，风险等级为二级（中低风险）的理财产品存续规模最大，占比常年保持在 60% 左右。风险等级为一级（低风险）的理财产品存续规模仅次于中低风险理财产品，占比常年保持在 20% 以上。风险等级为三级（中风险）的理财产品排名第三，占比在 10% 左右并且持续下滑。风险等级较高的四级和五级理财产品占比较小，所占比重均不足 1%。由此可知，银行理财投资者的风险偏好相对不足，更倾向于投资中低风险的理财产品，极少涉及高风险产品。

与此同时，银行理财投资者风险偏好在结构上呈现两极化发展趋势。从总体上看，市场份额较高的二级和三级产品的比重持续下滑，促使整体风险偏好趋于

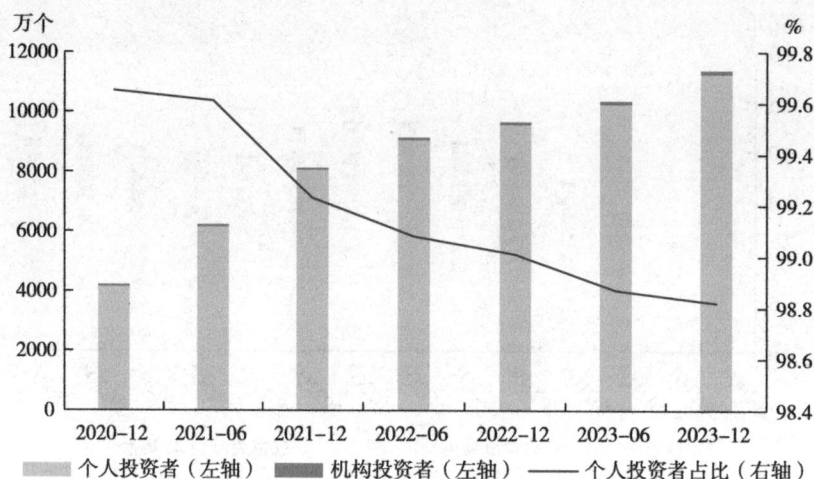

图4-6 银行理财投资者结构

（资料来源：银行业理财登记托管中心）

保守。但从结构上看，风险等级为一级和五级的理财产品所占比重均在持续提高，表明投资者保守型和进取型的风险偏好均在增长，而稳健型、平衡型和成长型风险偏好则出现不同程度下降。具体来看，一级理财产品的规模占比从2022年7月的22.23%提高至2024年6月的32.02%，表明投资者风险偏好更趋保守，这主要是由于净值波动对投资者风险偏好的负反馈所致。此外，五级理财产品的规模占比持续提升，从2022年7月的0.08%上涨至2024年6月的0.19%，表明部分追求收益的投资者风险偏好更趋进取，但这部分投资者相对较少，具体如图4-7所示。

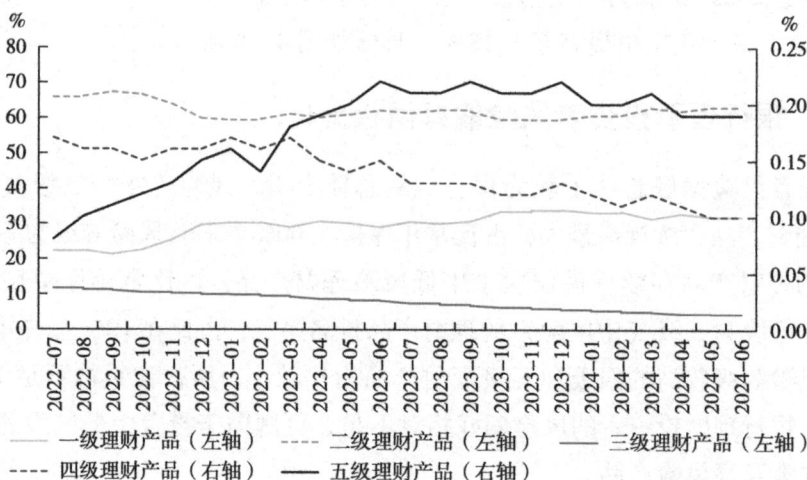

图4-7 银行理财各风险等级理财产品存续规模占比

（资料来源：普益标准金融数据平台）

第三节 银行理财发展趋势

一、理财产品存款化降低总体收益

受金融市场环境、投资者风险偏好等因素影响，银行理财持续增配现金及银行存款，理财产品存款化趋势日趋明显。具体而言，2020 年 12 月，理财产品配置现金及银行存款的余额为 2.61 万亿元，占总投资资产的 9.05%。2023 年 12 月，理财产品配置现金及银行存款余额为 7.76 万亿元，占总投资资产的 26.7%，现金及银行存款成为银行理财配置结构中仅次于债券的第二大底层资产。

具体来看，银行理财产品存款化主要有以下三个成因：一是金融市场波动加剧。2022 年地缘政治风险、新冠疫情冲击及防控措施优化、地产政策放松等促使股票和债券市场急剧波动，对股票和债券等底层资产形成压制，进而影响理财产品净值。二是投资者风险偏好趋弱。银行理财开启净值化转型以来，产品净值波动幅度加大，近年发生的理财破净潮引发投资者的赎回潮，促使投资者风险偏好更趋保守。三是残余的刚性兑付理念追求收益确定性。长期以来银行理财保本保收益的特征深入人心，净值化转型尚未完全破除刚性兑付思想，多数银行理财的投资者更倾向于追求收益的确定性。

理财产品存款化会造成产品收益率降低并阻碍风险偏好修复等诸多问题。无可否认，理财产品的存款化对于降低理财产品风险，提升产品净值稳定性和收益的确定性，进而促进银行理财产品规模企稳回升等存在积极作用。但与此同时，理财产品的存款化具有如下不足：一是降低理财产品收益率。理财产品存款化促使风险中枢下移，大幅压缩理财产品获取超额收益的空间。二是不利于投资者修复风险偏好。理财产品过度配置现金及银行存款不利于破除刚性兑付的思想，会加深投资者对理财产品保本保收益的偏颇印象，抑制投资者对净值波动的认可和风险偏好的修复。三是不利于理财机构的转型。银行存款的盈利过多依赖外界利差，对于机构自身投研能力的影响不大，使其远离资产管理的本源。

近年来，银行理财配置货币类资产和现金及银行存款的比重日益提高，理财收益率呈现明显的下滑态势。具体来看，2021 年，银行理财的收益率中枢为 4.66%，2023 年理财产品的收益率中枢已下降至 3.30%。2022 年，银行理财的平均月度收益率为 3.80%，这是产品存款化、股债收益率下降以及利率下行等因素叠加的结果。银行理财存款化与收益率的关系如图 4-8 所示。

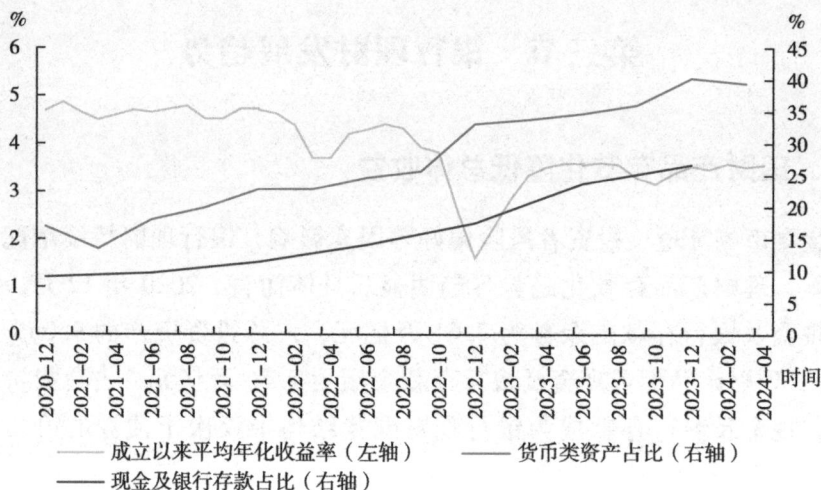

图例：
成立以来平均年化收益率（左轴）　　　货币类资产占比（右轴）
现金及银行存款占比（右轴）

图 4-8　银行理财年化收益率

（资料来源：银行业理财登记托管中心、普益标准金融数据平台）

二、银行利率下行推动存款搬家

近年来，为更好服务实体经济，商业银行净息差持续收窄，盈利能力的下降推动存款利率持续下降。截至 2024 年第一季度，商业银行净息差已下降至 1.54%，达到 20 年来最低水平。2024 年 4 月，手工补息禁令发布，严禁商业银行变相高息揽储并突破授权利率上限，这有助于缓解存款利率明降暗升的现象，提升存款利率下降的实际效果。

实际存款利率的下降提升了理财产品的比较优势。在存款利息持续下降的情况下，储户倾向于寻求收益较为稳定且较银行存款具有优势的产品，而理财产品恰恰满足了这种投资需求。于是，大量银行存款流向理财产品。2024 年 4 月，人民币存款减少了 3.92 万亿元，其中居民存款减少了 1.85 万亿元，非金融企业存款减少了 1.87 万亿元。与此同时，2024 年 4 月银行理财产品存续余额较 3 月增加了 2.52 万亿元。由此可知，存款利率的持续下降以及手工补息行为的禁止等促使银行存款外溢到更具性价比的理财产品。

三、产品同质化向服务差异化转型

当前，银行理财在资产端、产品端以及客户端存在严重的同质化现象。在资产端，银行理财对底层资产的投资去向较为相似，多数资金投向固定收益类产品，投资标的单一化从资产端造成银行理财的同质化。截至 2023 年底，固定收益类产品共计 25.82 万亿元，占银行理财总存续规模的 96.23%。在产品端，银行理财在募集方式、运作模式以及风险等级等方面的高度一致性造成产品同质化现象严重。对于风险等级，理财投资者风险偏好相对不足，造成理财产品风险水平相对较低，多为中低风险和低风险产品。截至 2023 年底，中低风险（含低风险）理财产品存续规模为 24.87 万亿元，占总存续规模的 92.30%。对于募集方式，理财产品多以公募方式发行，2023 年底公募理财产品存续规模为 25.44 万亿元，占比为 94.93%。对于运作模式，理财产品多以开放式模式进行运作，2023 年底开放式理财产品存续规模为 21.18 万亿元，占比为 79.03%。在客户端，银行理财的服务对象多为个人投资者，服务对象的一致性也是产品同质化的重要原因。截至 2023 年底，理财市场的个人投资者数量为 1.13 亿个，占比为 98.82%，具体如图 4-9 所示。

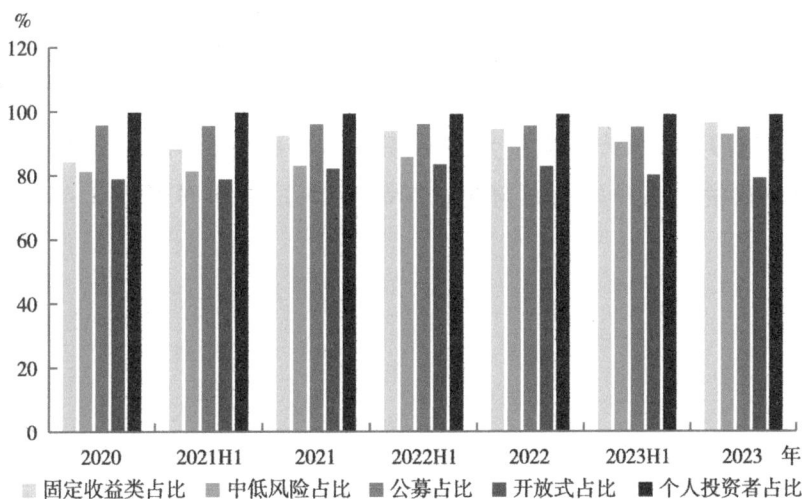

图 4-9　银行理财相似度

（资料来源：银行业理财登记托管中心）

　　银行理财产品同质化会对自身、投资者以及整个市场造成诸多问题。对于银行理财自身，产品同质化通常会增加产品和理财机构的可替代性，造成自身竞争力与经营和发展的可持续性降低。对于投资者，同质化产品难以满足多元化需求，不同类型或者不同生命周期的投资者的投资需求各有不同，但理财产品却高度相似，导致产品供给单一和理财需求各异之间产生矛盾。对于理财市场，产品的高度同质化容易引发市场的恶性竞争，产品差异不足背景下理财机构通常通过降低费率等方式开展激烈的价格竞争，上升的成本不断侵蚀实际收益，影响市场主体的持续经营并提高了整个市场的脆弱性。

　　产品同质化促使银行理财向服务差异化转向。在产品高度同质的背景下，银行理财机构在激烈的市场竞争下寻求突破口，纷纷走上差异化竞争的破局之道。以客户为中心、打造客户服务的差异化体验成为一项重要选择，关注客户需求的差异化并推出全生命周期陪伴等差异化服务。同时，理财夜市的推出有助于延长产品交易时间和拓宽客户服务范围，是破解产品同质化的服务创新。此外，差异化竞争还体现在配置布局上，部分理财机构通过提升投研能力来优化资产配置能力，探索并加码布局另类资产、衍生品和权益投资，从而更好地满足客户多元需求并增强自身竞争力。

四、理财破净率下滑减轻赎回压力

2022 年，理财产品经历了两轮规模较大的破净潮。第一次破净潮是在 2022 年 3 月，单位净值破净的理财产品数量为 4001 只，破净率高达 10.47%。第二次破净潮是在 2022 年 12 月，单位净值破净的理财产品数量高达 12123 只，破净率更是高达 29.36%。此后，2023 年下半年理财产品破净率有所下降，在 2023 年 9 月单位净值破净的理财产品数量为 3284 只，破净率为 6.44%。2024 年以来，理财产品破净数量和破净率持续降低，2024 年 5 月破净率仅为 2.42%，具体如图 4 - 10 所示。

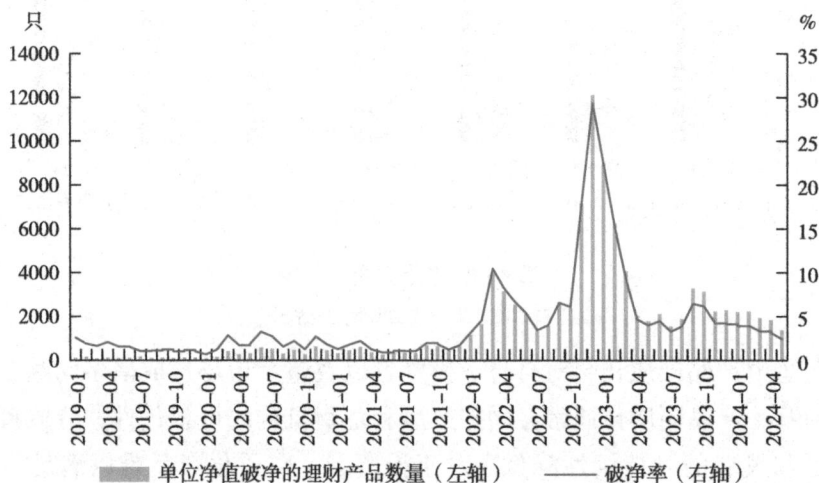

图 4 - 10　银行理财单位净值破净趋势

（资料来源：普益标准金融数据平台）

2024 年债券和股票等底层资产的良好表现促使理财产品净值回升，赎回压力得到较大缓解。一方面，2024 年上半年货币政策靠前发力，人民银行先后超预期定向降息和降准，促使利率呈现清晰下行趋势。以 10 年期国债为例，2024 年 1 月初国债收益率为 2.5476%，截至 2024 年 5 月底已下降至 2.3176%。债券牛市行情对于主要配置固定收益类产品的银行理财是一项利好，促进理财产品净值稳步回升，理财产品存续规模随之扩张。另一方面，货币政策持续宽松，出口贸易明显回升，增长预期得到较大修复，促使股市触底反弹。以上证指数为例，2024年2月初至2024年5月底，上证指数呈现清晰上涨趋势，其间上涨幅度高达11.41%。

结语

近年来，银行理财净值化转型成效显著，净值波动成为理财产品的新常态。面对产品净值波动，占据市场绝大多数的个人投资者的风险偏好相对保守，或多或少还保有较为稳健的收益预期，当净值波动加剧时这些投资者通常更倾向于赎回产品。投资者理念的改变通常需要较长时间，投资者教育仍然任重道远。与此同时，理财机构需要紧跟时代趋势，推出更多紧贴经济发展需要和满足投资者切实需求的产品，更好地助力实体经济发展和理财市场的持续健康发展。

下篇

利率波动下的资管创新实践

第五章 可持续资管产品的蓬勃发展

2023 年全球超过 80% 的大型金融机构设定了净零目标，可持续领域的资金流量首次突破 1 万亿美元。可持续金融的焦点从简单的社会责任投资和绿色债券转向了更广泛的"转型金融"。作为筛选和管理投资组合的工具，资产管理人通过这些可持续资管策略来实现更高的风险调整后回报，从而推动了资产管理领域对金融产品的需求和创新。可持续资管产品已然成为资产管理领域的一大亮点。

第一节 全球视野下的可持续资管产品

一、可持续金融概览

（一）政策框架

可持续金融的蓬勃发展来源于全球主要经济体已采取重大立法和监管行动来支持其气候与能源转型。2019 年以来，欧盟的绿色新政（2019）、"减碳 55"（Fit for 55，2021）① 和欧盟能源重振计划（REPowerEU，2022）逐步提高了成员国的减排目标。作为这些举措的一部分，欧盟还扩大了碳排放权交易体系（ETS）的覆盖范围，将海运和航空等新部门纳入其中。2023 年，欧盟委员会发布了《绿色协议工业计划》，其中包括对区域内生产和清洁技术的激励措施。

2021 年，中国引入了碳排放权交易体系，通过政府强制（例如减排）、财政补贴（例如投资或生产税收抵免）和市场机制（例如碳定价），迅速成为世界上最大的碳市场，规模是欧盟的 3 倍。

---

① "减碳 55"旨在到 2030 年将温室气体排放量相比 1990 年水平减少至少 55%。该政策包括一系列措施和法规，涉及能源、交通、建筑以及碳定价等多个领域，还旨在通过增加碳边界调整机制来保护欧盟产业免受碳排放较高国家的低成本竞争。

在美国，2022 年的《通货膨胀削减法案》（*Inflation Reduction Act*，IRA）确定为太阳能、风能、碳捕捉和储存、绿色氢能技术等新能源解决方案提供 3700 亿美元的税收抵免和其他补贴。这为清洁能源和气候相关投资创造了有利的政策环境，对可持续金融及其投资者来说是一个积极的信号。

（二）应用范围

从历史的角度来看，"可持续金融"一词是从 20 世纪 90 年代和 21 世纪初使用的"负责任投资"和 2010 年左右的"ESG 投资"演变而来的。近 10 年来，虽然各国政府采取了诸多措施来减少温室气体排放，发布了大量的原则和报告标准，但市场仍然较为混乱，"可持续""ESG""绿色""气候""转型"等概念经常互换使用，易被投资者混淆。事实上，这些概念虽相互关联，却各有不同的侧重点和应用范围。可持续金融包括更广泛的环境、社会、经济和治理方法，与ESG 金融相近；而气候金融和绿色金融只关注环境问题。

具体来看，可持续金融（Sustainable Finance）的应用范围最为广泛，它强调的是在考虑长期经济增长的同时解决环境和社会问题，从而实现长期的价值创造。其目标是通过可持续投资基金、社会责任债券等融资支持可持续的经济活动和项目。

ESG 金融是指运用 ESG 指标或得分进行筛选，通过量化公司在环境、社会和治理方面的表现来评估公司的长期可持续性和风险状况，因此 ESG 评级和报告对公司绩效有越来越大的影响。ESG 金融产品主要包括符合 ESG 评级的基金或债券。近几年来，几乎所有资产管理公司都向投资者提供 ESG 基金，2023 年末，全球 ESG 基金规模约为 84 万亿美元，占全球资管规模的 8% 左右。[1] 机构投资者从询问"为什么"整合 ESG 转向关注"如何"实施 ESG [2]；而且，投资规模越大，ESG 就越有可能成为其投资组合策略的核心部分[3]。

绿色金融（Green Finance）更专注于环境方面的考量，其主要目标是为那些直接有助于环境保护的项目（如太阳能或碳捕获技术、循环经济、可再生能源、能源效率、污染预防和控制、绿色建筑和清洁交通）和企业（特别是私人企业）提供资金。这种金融形式更具体，主要包括绿色债券、绿色基金等，更适合那些专注于具体环境效益的投资者。

转型金融（Transitional Finance）则专注于支持具有实现显著减排潜力的行业

---

① https：//www. indexindustry. org/wp – content/uploads/IIA – 2023 – ESG – Survey – Full – Report. pdf。

② https：//securities. cib. bnpparibas/global – esg – survey – 2023/。

③ https：//www. icgn. org/sites/default/files/2021 – 08/PRI _ apracticalguidetoesgintegrationforequityinvesting. pdf。

或企业，如支持化石燃料行业转型为可再生能源行业。资管巨头贝莱德将转型金融投资定义为"专注投资于做好准备及配合向低碳经济转型，并能够从中受益或发挥推动作用的资产（如电动车电池原料的生产商）"[①]。

可持续资管产品的应用范围如表 5 - 1 所示。

表 5 - 1　　　　　　　　　　　可持续资管产品的应用范围示例

类别	产品类型	应用范围
可持续金融	可持续债券	包括绿色债券、社会债券和联合国可持续发展目标（SDGs）债券
	可持续投资基金	投资于遵循可持续发展标准的公司
	可持续 ETFs	跟踪聚焦可持续实践的指数的交易所交易基金
绿色金融	绿色债券	资助具体的环保项目，如可再生能源或清洁交通
	绿色基金	投资于环保技术和项目的基金
	绿色 REITs	投资于获得绿色认证的建筑或进行可持续房地产项目的房地产投资信托基金
ESG 金融	ESG 基金（股票和债券）	投资于高 ESG 表现评分的企业的基金
	ESG 指数基金和 ETFs	跟踪反映良好 ESG 实践的公司指数的基金
	定制 ESG 解决方案	为机构投资者提供根据特定 ESG 标准定制的投资组合
转型金融	气候转型基金	投资于积极从事从高碳到低碳转型的行业和公司
	转型债券	资助企业进行环保改造或提高能效的活动
	转型主题投资	专注于投资那些正在积极转变其业务模式以适应低碳经济的公司

资料来源：笔者整理。

二、可持续资管产品的市场表现

（一）气候转型基金在欧洲占主导地位

受通货膨胀、利率上升和能源市场波动的共同影响，全球流入气候基金的资金在 2022 年和 2023 年大幅放缓。在 2021 年的巅峰时期，上述几类基金吸引了超过 1000 亿美元的新投资，到 2023 年上半年放缓至约 300 亿美元。2024 年第一季度，美国投资者对可持续性的看法出现恶化，但欧洲市场仍吸引了大量新资金[②]，全球气候基金总规模约为 5400 亿美元。欧洲是气候基金最大的市场，其规模达 4530 亿美元（见图 5 - 1），占全球气候基金总规模的 83.89%；数量上也远远领先中国和美国，2023 年末欧洲有 875 只气候基金，而中国为 253 只，美国为 135 只。

---

① https：//www.blackrock.com/hk/zh/investment - ideas/sustainable - transition - investing。

② https：//assets.contentstack.io/v3/assets/blt4eb669caa7dc65b2/bltc4c7114f9f208d6b/662fe107b000392869b5cb75/Global _ ESG _ Q1 _2024 _ Flows _ Report.pdf。

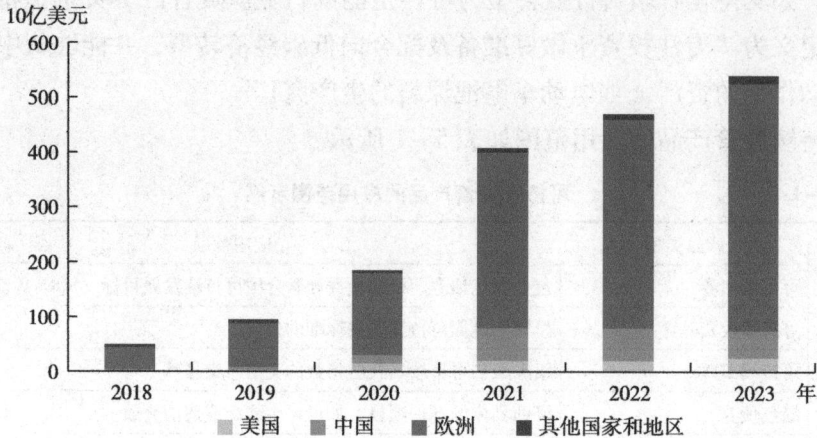

图 5 – 1　全球气候基金规模（2018—2023 年）

［资料来源：晨星（Morning Star）］

　　气候基金中发展最快的细分市场是气候转型基金（Climate Transition Funds）。自 2021 年起，一些大型机构投资者开始建立高碳转型基金，对具有合法脱碳战略的碳密集型资产进行大量配置，既可以提高投资回报，又可以显示对实体经济减排的贡献。例如，2024 年 2 月，布鲁克菲尔德资产管理公司（Brookfield Asset Management）通过其全球转型基金（BGTF Ⅱ）融资了 100 亿美元，投资范围涵盖可再生能源、碳捕获和储存、可再生天然气和核能业务。① 公共资金也参与其中，例如世界银行将其 45% 的融资分配给气候项目；阿联酋在 COP28 框架②下推出了 300 亿美元的 Altérra 气候基金，其中包括 50 亿美元的转型基金，以激励最不发达国家和小岛屿国家的私人气候投资③。

　　欧洲经济结构高度依赖基础化工、钢铁等能源密集型产业，将这些行业的工作变成"绿色"是欧洲未来维持和加强其社会经济模式的关键。因此，欧盟采取了《欧洲绿色协议》（EGD)④ 作为其增长战略，并通过《净零时代绿色新政工业计划》（ the Green Deal Industrial Plan for the Net – Zero Age）来解决这些问题。再加上近年俄乌冲突的影响，欧洲绿色转型的资金需求高涨。例如，为了减少对化石燃料

---

　　① 该基金已完成的投资包括收购英国最大的陆上风电场独立开发商和运营商之一，以及印度的太阳能开发合作伙伴关系。详见：https：//www. esgtoday. com/brookfield – raises – 10 – billion – for – climate – fund – amid – significant – acceleration – in – transition – opportunities – globally/。

　　② COP28 指的是《联合国气候变化框架公约》（UNFCCC）第 28 次缔约方会议。COP28 具有特殊意义，因为它的"全球库存审查"评估了各国集体向巴黎协议长期目标的进展情况。

　　③ 详见：https：//rmi. org/financing – the – transition – four – trends – to – watch – in –2024/。

　　④ 《欧洲绿色新政》的实施需要大量投资，2021 年到 2030 年每年约为 5200 亿欧元。2023 年到 2030 年，用于提高欧盟制造净零技术能力的额外投资将达到约 920 亿欧元。

的依赖，增强欧洲的能源安全，2023 年欧洲投资银行（EIB）与欧洲市值最大的能源公司伊贝德罗拉（Iberdrola）合作，投资了 10 亿欧元用于支持欧盟能源重振计划，资助西班牙、葡萄牙和德国的可再生能源厂建设。① 2023 年末，欧洲超过 60% 的气候基金是气候转型基金，而专注于低碳足迹的基金只占 20%（见图 5 - 2）。

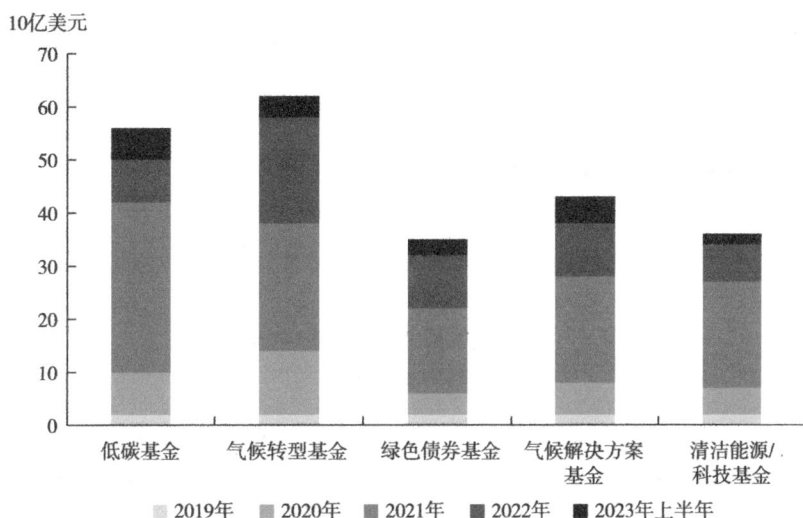

10亿美元

图 5 - 2　欧洲气候基金规模

（资料来源：晨星，https：//www. netzeroinvestor. net/news - and - views/briefs/
climate - investors - turn - towards - transition - funds）

（二）清洁能源/科技基金在美国降幅明显

2023 年受两大因素的影响，美国清洁能源和科技基金经历了历史上首次大量资金流出，并几乎都流入了气候转型基金（见图 5 - 3）。一方面是由于利率上升。高利率使得未来现金流的现值降低，这对需要大量前期投资的可再生能源项目尤为不利，一些风能和太阳能等项目被推迟或取消。另一方面，固定价格能源合同进一步挤压了清洁能源公司的利润率，一些知名的可再生能源公司业绩表现垫底，导致投资者信心下降。如全球最大的海上风电开发商丹麦沃旭能源（Orsted）和美国太阳能板制造商第一太阳能（First Solar）的股价都出现了大幅下跌。②

由于对增长和政策的担忧，进入 2024 年，这一情况仍未有改善。由主要太阳能和风电公司以及其他可再生能源相关企业组成的标准普尔全球清洁能源指数下

---

① https：//www. eib. org/en/press/all/2023 - 219 - iberdrola - signs - eur1 - billion - loan - with - eib - to - accel-
erate - energy - transition - in - europe。

② https：//energynow. com/2023/10/renewables - funds - see - record - outflows - as - rising - rates - costs -
hit - shares/。

10亿美元

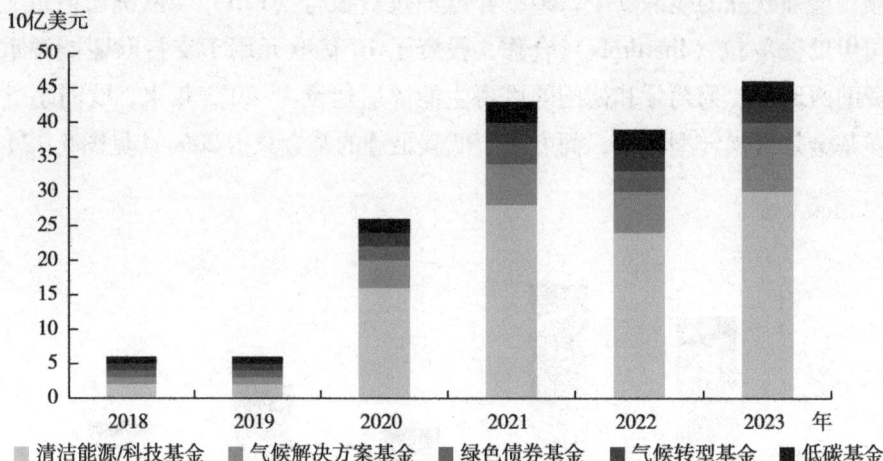

图 5－3　美国气候基金规模（2018—2023 年）

（资料来源：晨星）

跌了近 10%，而以石油和天然气为主的标准普尔 500 能源指数则上涨了 16.3%。根据伦敦证券交易所集团理柏（Lipper）的数据，投资于可再生能源公司股票的 ETF 2024 年第一季度合计流出 48 亿美元。①

（三）气候解决方案在中国获得重视

气候解决方案指的是一系列减缓气候变化影响、减少温室气体排放并适应气候系统已经发生的变化的战略、技术和行动。这些解决方案包括但不限于利用可再生能源、提高能源效率、碳捕集与封存（CCS）、建设气候适应性基础设施、发展可持续农业等（见表 5－2）。

表 5－2　　　　　　　　　　　气候解决方案的主要内容

气候解决方案	描述
利用可再生能源	从化石燃料转向太阳能、风能、水能和生物能等可再生能源，以减少碳排放
提高能源效率	提高建筑、交通和制造过程中的能源使用效率，消耗更少的能源并排放更少的温室气体
碳捕集与封存（CCS）	开发技术来捕获并储存工业和能源生产过程中的二氧化碳，防止其释放到大气中
植树造林	通过种植树木吸收大气中的二氧化碳，增强自然碳汇，同时促进生物多样性
建设气候适应性基础设施	建设能够抵御气候变化影响（如海平面上升、极端天气等）的基础设施
发展可持续农业	改进农业实践，提高农业生产的气候适应性和资源效率，减少环境足迹

2021—2023 年，中国资管产品中增幅较大的是气候解决方案基金（见图 5－4）。由于供应过剩、原材料价格下跌，与基于化石能源的替代方案相比，

---

① https://www.oedigital.com/news/512861-renewable-energy-funds-see-outflows-on-concerns-over-growth-policies。

公用事业规模的太阳能或风能等一些成熟的气候解决方案已经实现了成本平价或下降，可以获得巨额利润。根据国际能源署（IEA）的数据，2023 年中国风能和太阳能光伏新增产能接近全球新增产能的 2/3[①]。而处于开发早期阶段的解决方案，例如电网规模存储或氢，仍然需要绿色溢价。中长期来看，虽然清洁氢的成本仍持续增加（主要是由建筑成本推动），但澳大利亚、智利和中国等拥有丰富的低成本可再生能源的国家 2030 年的成本将大幅降低，最终将实现绿色氢（使用可再生能源生产）和灰色氢（使用天然气生产）之间的成本平价。

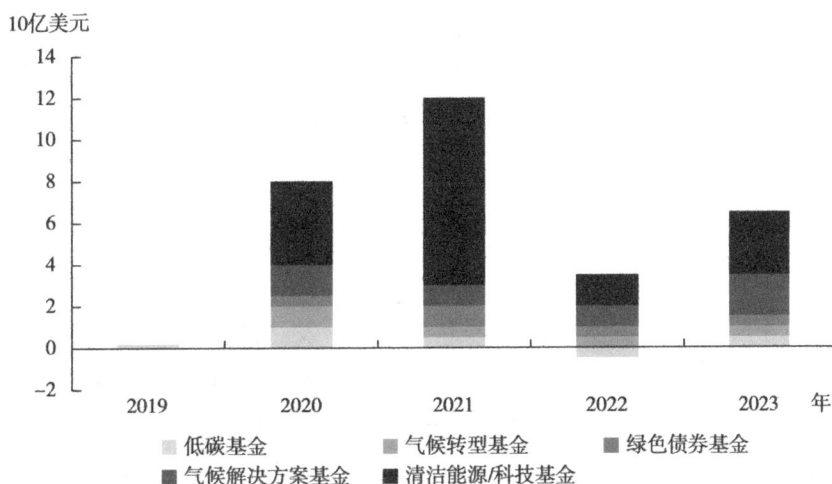

图 5 - 4　中国气候基金规模

（资料来源：晨星，https：//www. netzeroinvestor. net/news - and - views/briefs/climate - investors - turn - towards - transition - funds）

（四）绿色债券增速超过传统债券

绿色债券[②]一直是可持续债券市场的主导产品。2023 年，全球可持续债券发行额超过 1 万亿美元，而绿色债券达 5750 亿美元，与前两年持平（见图 5 - 5）[③]。从结构上看，随着全球银行业继续为越来越多的绿色项目提供融资，银行发行的绿色债券规模达到 1230 亿美元，占比为 21%，远高于往年；各国政府绿色债券发行额为 1900 亿美元，占比为 33%，其中欧洲的贡献最大。

---

① https：//iea. blob. core. windows. net/assets/d718c315 - c916 - 47c9 - a368 - 9f8bb38fd9d0/CleanEnergyMarketMonitorMarch2024. pdf。

② 根据国际资本市场协会（ICMA）的定义，绿色债券是"任何类型的债券工具，其收益将专门用于部分或全部为新的和/或现有的合格绿色项目融资或再融资"。

③ https：//www. bloomberg. com/professional/insights/trading/green - bonds - reached - new - heights - in - 2023/#：~：text = Sustainable%20bond%20issuance%20topped%20more，the%20same%20period%20last%20year。

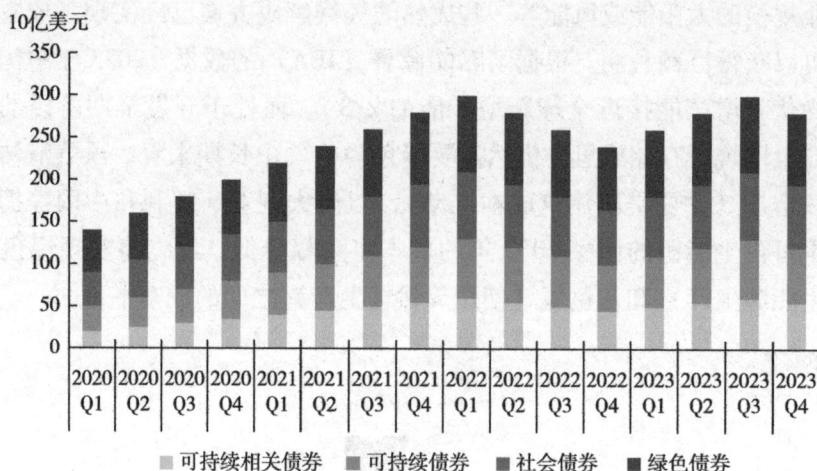

图5-5 全球可持续债券发行规模（2020—2023年）

（资料来源：彭博）

近年来，在高波动率的金融市场中，传统债券和能源大宗商品的增速与市场占比均有所下降，而绿色债券则显著上升。由于发达国家利率的急剧调整，2022年全球固定收益类产品发行额比2021年下降了26%，而绿色债券发行额同比仅下降了13%；2023年绿色债券的发行量同比增长了10%，而传统债券发行量仅上涨了不足3%。2024年，预计全球绿色债券的发行额将超过9000亿美元，同比增长接近50%，而传统债券市场更可能由于经济环境的不确定性、高利率和通货膨胀压力、较高的债务水平和赤字压力等因素仅出现小幅反弹。

2023年12月，欧盟通过了世界上第一部绿色债券标准法规（EuGB法规），并将于2024年12月开始实施。这将有利于提高绿色债券市场透明度并进一步推动其增长。从跨境投资便利性来看，投资者可以更容易地比较和选择不同市场的绿色债券，促进全球资本流动和可持续投资。但不可忽视的是，这也会进一步增加企业的合规成本，造成绿色溢价①居高不下。

第二节 可持续资管产品与传统资管产品的差异

一、显著的资金流入

2023年，可持续基金的投资者需求维持强劲态势，获得1360亿美元的资金流入，管理资产规模达3.4万亿美元，同比增长15%，占全球资产管理规模总额

---

① 详见后文分析。

的7.2%（见图5-6）。而传统基金仅在2024年第一季度出现强势净流入，之前已连续3年净流出，这一情况在欧洲表现得尤为明显（见图5-7）。

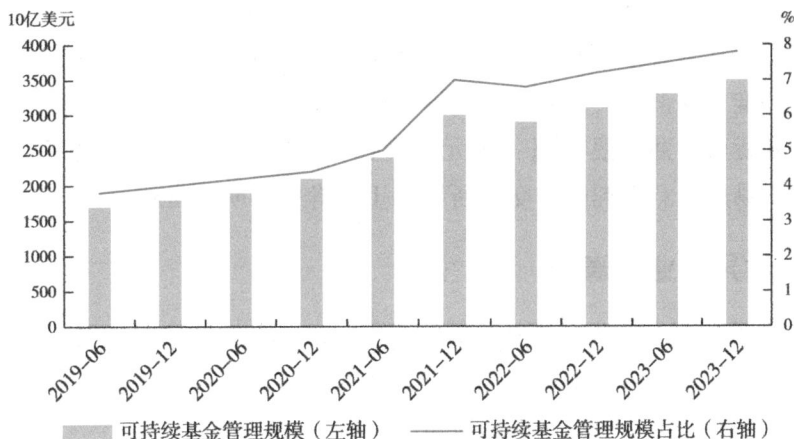

图5-6 可持续基金管理规模及其占比（2019—2023年）

（资料来源：摩根士丹利，https：//www. morganstanley.

com/ideas/sustainable-funds-performance-2023-full-year）

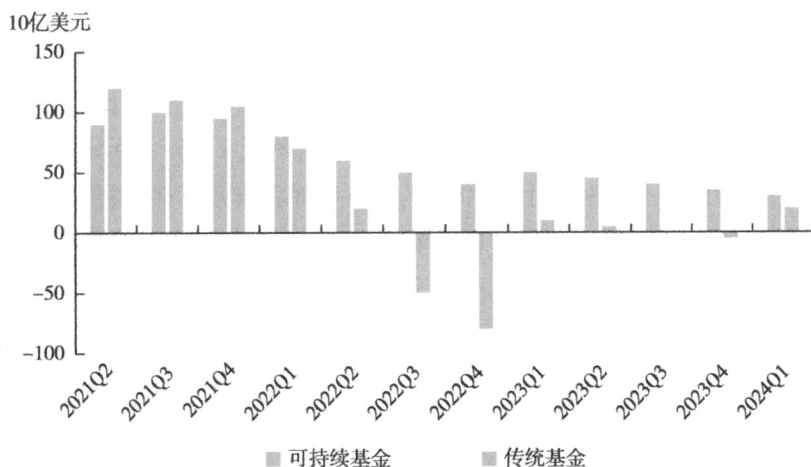

图5-7 欧洲可持续基金与传统基金的资金流动对比（2021—2024年）

（资料来源：晨星，https：//assets. contentstack. io/v3/assets/blt4eb669caa7dc65b2/bltc4c7114f9f208d6b/

662fe107b000392869b5cb75/Global_ESG_Q1_2024_Flows_Report. pdf）

以ETF为例。2023年末，追踪巴黎协定基准（PAB）和气候转型基准（CTB）① 的ETF资产已累计达到376亿欧元，同比增长70%；较2018年首次推

---

① PAB的初始碳排放量需降低50%，CTB的初始碳排放量需降低30%。

出时的 40 亿欧元增长了近 9 倍。[①] 气候 ETF 的机构投资者包括瑞典的 AP2、法国养老基金 Ircantec、保险公司 Lansforsakringar、资管公司 Handelsbanken、英国的 Brunel Pension Partership 等。瑞银资产管理公司（UBS Asset Management）推出了首只追踪基于标准普尔 500 指数范围的气候转型指数的 Ucits ETF[②]，它符合欧盟气候转型基准，并被归类为欧盟可持续金融披露法规第 9 条[③]。该 ETF 提供美元股票类别和货币对冲股票类别（欧元和英镑），将在欧洲主要交易所上市，包括伦敦证券交易所、意大利证券交易所和瑞士证券交易所（SIX）。

二、优异的业绩表现

可持续基金和传统基金在收益率上的表现随着影响因素的变化而变化。2023 年，可持续基金的中位回报率为 12.6%，比传统基金 8.6% 的回报率高出 4 个百分点，其中表现优异的大部分出现在 2023 年上半年（见图 5 - 8）。

从资产类别来看，可持续股票基金表现最好，2023 年回报中位数为 16.7%，超过传统股票基金（14.4%）；可持续固定收益基金的平均回报率为 10%，而传统固定收益基金的回报率为 6.4%（见图 5 - 9）。

从地区表现来看，根据伦敦证券交易所集团的统计，2024 年第一季度，可持续基金流入 76.3 亿英镑，而传统基金流出 97.6 亿英镑，其中股票基金流入最为强劲（61 亿英镑）。通过进行 5 年期比较发现，可持续基金比传统基金领先 6.26%，3 年期领先 2.06 个百分点，但 12 个月期落后 2.45 个百分点。这与本书前面分析的主要因素——利率上升和油气价格反弹将推动 ESG 溢价相背离。这说明，除了简单的双因素效应之外，还有其他因素的复杂影响。欧洲可持续基金在三个时期内均落后（1 年、3 年和 5 年期分别落后 - 0.76 个、- 9.39 个和 - 19.96 个百分点）。可持续债券全球企业欧元基金仅在 5 年期领先，回报率高出 4.79 个百分点（见图 5 - 10）。

[①] https：//www. responsible - investor. com/assets - of - eu - climate - benchmark - etfs - nearly - double - in - 2023/。

[②] 该基金采用两阶段流程来选择和加权投资组合成分，第一步涉及通过应用商业活动排除来定义合格的 ESG 范围，例如排除参与违反联合国全球契约的公司或排除在有争议的武器、军事承包、小型武器、烟草、煤炭等活动中超过收入门槛的公司。第二步旨在帮助投资者管理气候转型风险并利用优化器抓住气候变化机会，将碳强度初始降低 30%，随后按年减少 7%。由此产生的标准普尔 500 气候转型基础 ESG 指数"与母指数相比，提高了整体 ESG 得分"。https：//www. funds - europe. com/ubs - am - launches - climate - transition - sp - 500 - ucits - etf/。

[③] 详见第三节披露框架部分的内容。

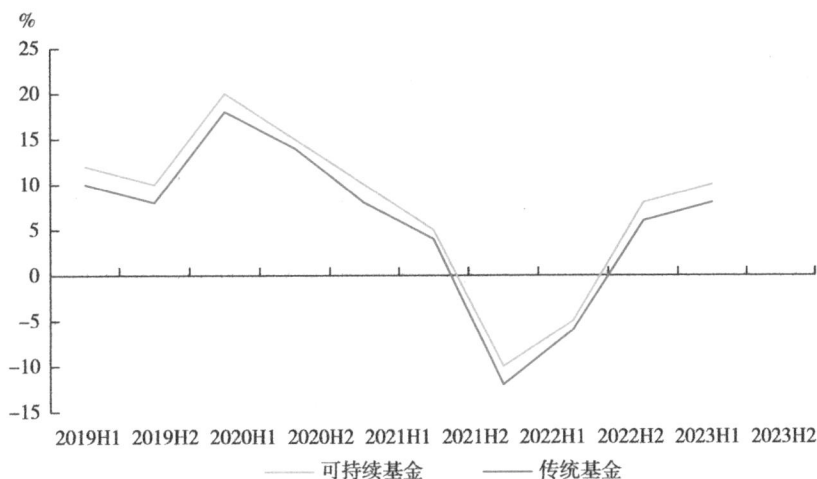

图 5 - 8　可持续基金与传统基金的收益率（中位数）比较（2019—2023 年）

（资料来源：摩根士丹利，https：//www. morganstanley.

com/ideas/sustainable – funds – performance – 2023 – full – year）

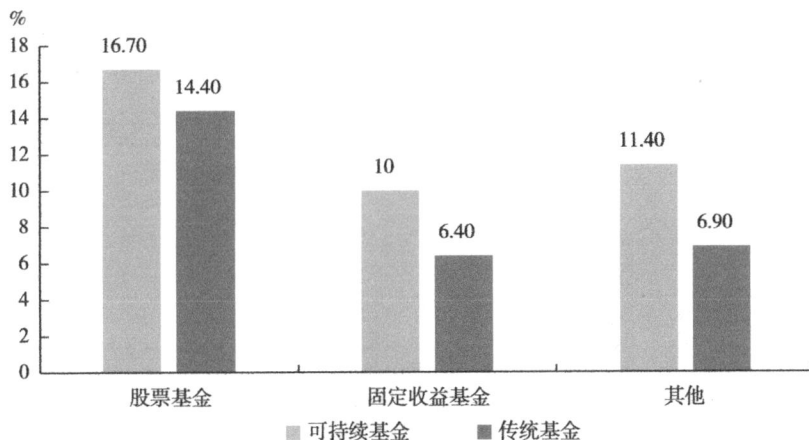

图 5 - 9　可持续基金与传统基金的收益率比较（按资产类别，2023 年）

（资料来源：摩根士丹利，https：//www. morganstanley. com/content/dam/msdotcom/en/

assets/pdfs/MSInstituteforSustainableInvesting – SustainableRealityFY2023 – Final. pdf）

三、较高的费用

（一）可持续投资基金

2018 年，欧盟在可持续金融行动计划下引入了"气候基准"格式，PAB 和 CTB ETF 的费用率为 0.24%。2019 年以来，可持续 ETF 的平均资产加权平均费用率每年都在 0.2% 左右徘徊，2023 年首次降低 2 个多基点至 0.178%。虽然有所

（a）1年期回报率

（b）3年期回报率

（c）5年期回报率

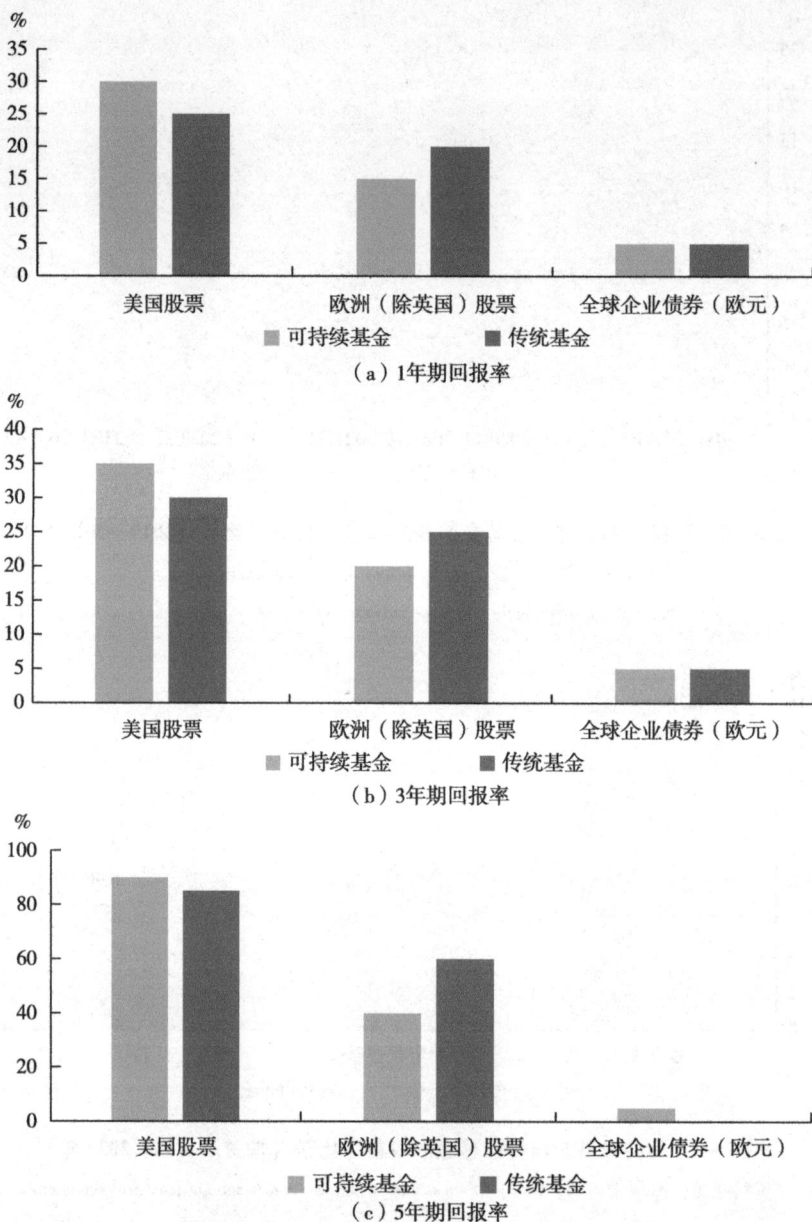

图 5 - 10　可持续基金与传统基金收益率的地区比较（2024 年）

（资料来源：伦敦证券交易所集团，https：//lipperalpha. refinitiv. com/reports/

2024/04/everything – green – flows – q1 – 2024 – sustainable – equity – bucks – the – trend/）

下降，其仍高于传统被动基金的费用，后者可低至 3 个基点。这种差异代表了这些环保基金的投资者所承担的"绿色"溢价。这既反映了这些基金的专业性，也反映了投资者愿意为可持续投资选择支付稍高的费用。

（二）绿色债券

国际市场的证据对全球绿色债券与非绿色债券在定价上的差异［"绿色溢价"（Greenium）或"绿色贴水"］存在一定的争议。如果绿色债券可以以低于非绿色债券的收益率吸引投资者，这意味着投资者愿意为绿色证券支付更高的价格，即绿色溢价。投资者偏好社会责任投资或较低的气候相关风险敞口，因此对绿色债券的需求可能高于传统债券。也就是说，投资者的信托责任和竞争市场中套利的存在可能会尽量减少绿色和非绿色债券之间的定价差异。但也有研究发现绿色债券的溢价在不同市场和时间段存在差异。如绿色债券在初级市场有溢价，而在次级市场表现出贴水，这些结果受发行主体和市场环境影响较大。又如，将样本范围放大，可以发现尽管超国家机构发行的绿色债券存在溢价，金融机构发行的公司绿色债券并没有显著的溢价。

考虑到近年来流入可持续金融的大量资金，可以判断绿色溢价现象有增无减。由于美元的利率居高不下，绿色溢价在以美元计价的绿色债券中表现得尤为显著。气候债券倡议组织（Climate Bonds Initiative，CBI）2023 年的报告指出[1]，2023 年上半年，绿色债券在一级市场表现出显著的绿色溢价。报告分析了超过 110 只绿色债券，总金额达 124.6 亿美元，发现 32% 的绿色债券在发行时的定价在其自身二级市场收益曲线内，即这些债券的发行成本低于其相应的非绿色债券。这表明投资者愿意为绿色债券支付溢价，接受较低的收益率。标准普尔全球市场情报（S&P Global Market Intelligence）2023 年的一项研究显示[2]，美元计价的绿色债券表现特别强劲，平均超额认购为 4.7 倍，而非绿色债券为 2.5 倍。在建簿过程中，绿色债券的利差平均压缩 29.9 个基点，非绿色债券为 24.8 个基点。这表明投资者对绿色债券的需求更高，从而推动了绿色溢价的出现。

第三节　可持续资管产品的投资挑战

一、披露标准制定全面加速

（一）披露现状

可持续资管市场的蓬勃发展所吸引的大量资金流入也产生了一些问题。为了迎合潮流，部分传统资管产品被重新命名，甚至被"洗绿"。近年来，尽管 ESG

---

[1]　https：//www.climatebonds.net/resources/reports/green－bond－pricing－paper－h1－2023。

[2]　https：//www.spglobal.com/marketintelligence/en/news－insights/latest－news－headlines/green－bond－greenium－is－evident－globally－especially－strong－for－us－dollar－debt－66609073。

数据收集和披露已经取得了长足进步，但由于不同提供商的 ESG 评级方法各有不同，同一公司的评级差异巨大，从而降低了 ESG 投资组合的意义，给资产管理人和投资者带来困惑。2022 年普华永道的调研数据显示，超过 3/4 的资管机构认为当务之急是将现有产品转换为 ESG 产品；同时，由于缺乏一致、透明的标准，80% 以上的机构认为整个资管行业普遍存在错误标签的现象。①

从全球来看，大公司和小公司之间的自愿披露率存在巨大差距。对大多数行业来说，披露是例外而不是规则。以美国为例，对于温室气体的排放，2022 年标准普尔 500 指数中必需消费品、能源和材料行业的所有成分股都进行了披露，但在标准普尔小型股 600 指数中，只有 56% 的必需消费品公司、69% 的能源公司和 80% 的材料公司进行了披露。对于温室气体排放以外的信息，根据标准普尔全球企业可持续发展评估（CSA）的调查数据，2023 年超过 40% 的大公司披露了气候风险管理的信息，但中小企业中只有 12.5% 披露了气候风险管理信息；只有不到 5% 的中小企业披露了气候变化的金融风险信息。从行业来看，发电、水泥制造和其他面临脱碳压力的行业披露率最高；其次是必需消费品（农业和食品公司）和房地产；而无论是温室气体排放（20%）还是其他气候风险管理信息（8.2%），金融部门的披露率都特别低②（见图 5–11）。

从新加坡的经验看，上市公司信息披露率高和交易所的强制要求有关。根据新加坡交易所《2023 可持续发展报告回顾》③，上市公司的 ESG 披露率达到了约 90%，比前几年的披露率有显著提高；86% 的上市公司在规定时间内发布了可持续发展报告，73% 提供了气候相关信息披露，86% 披露了范围 1、范围 2、范围 3（价值链上下游的间接温室气体排放量）中至少一项温室气体排放。

（二）披露框架

1. 国际标准

理论上，只有达成单一的 ESG 披露标准，国际上的监管机构、发行人和投资者才能简化数据收集流程并产生更高质量的数据。为了尽量达成统一标准，继全球报告倡议（GRI）④ 和气候相关财务信息披露工作组（TCFD）⑤ 之后，国际可持

---

① https：//www.pwc.com/gx/en/news–room/press–releases/2022/awm–revolution–2022–report.html。

② https：//www.spglobal.com/esg/insights/featured/special–editorial/after–sec–rulemaking–assessing–the–us–climate–disclosure–landscape。

③ https：//links.sgx.com/FileOpen/20231123_SGX–listed。

④ GRI 是一个国际性的独立标准机构，它提供了全球最早的可持续发展报告标准，在欧洲和拉丁美洲有较强的影响力。大多数大型跨国公司和一些政府机构使用 GRI 标准来披露其可持续发展报告。

⑤ TCFD 由金融稳定理事会（FSB）在 2015 年设立，意在为公司、银行和投资者制定一致的气候相关财务风险披露标准。

范围 1

■标准普尔500指数 ■标准普尔小型股600指数

（a）范围1：直接温室气体排放量

范围 2

■标准普尔500指数 ■标准普尔小型股600指数

（b）范围2：外购电力和其他形式能源的间接温室气体排放量

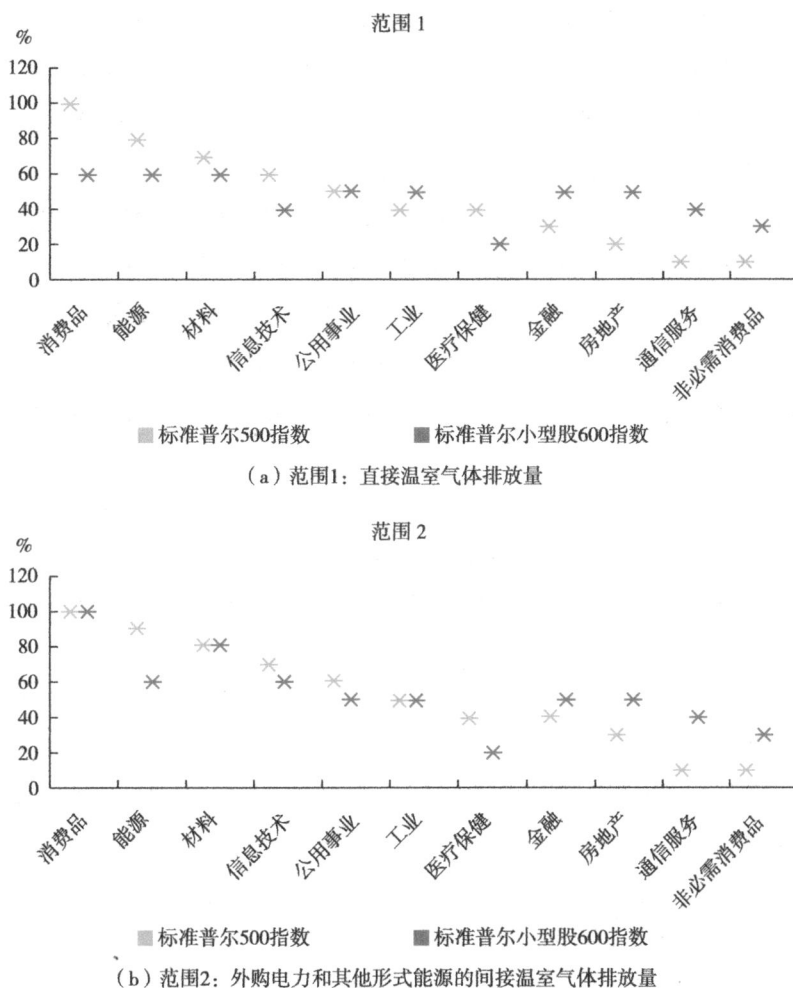

图5－11 美国企业按规模和行业区分的温室气体排放披露率（2023年）

[资料来源：标准普尔全球（SP Global）]

续发展准则理事会（ISSB）于2023年6月发布了全球可持续发展披露标准，自2024年1月起生效。ISSB的标准更倾向于满足投资者的需求，帮助投资者评估企业的长期风险和机会。

尽管这些标准都不具有法律约束力，但其可以为全球公司和投资者提供统一的披露框架基础。ISSB标准在制定时参考了TCFD的建议，因此，企业采用TCFD框架的披露内容往往可以无缝集成到ISSB标准中。GRI框架和TCFD框架可以互补使用。GRI更关注广泛的可持续发展问题，而TCFD专注于气候相关的财务影响。许多企业同时采用两者，以全面覆盖其ESG和气候相关披露需求。

2. 欧盟

为了加速资金流向可持续投资，减少投资产品"漂绿"的可能性，欧盟委员

会于 2021 年 3 月推出《可持续金融披露条例》（SFDR）①，就可持续投资和 ESG
考虑因素对金融机构规定了投资产品的三个不同披露级别。第 6 条规定，金融产
品必须披露将可持续性风险纳入其投资决策的方式，并评估可持续性风险对金融
产品回报的可能影响。② 第 8 条和第 9 条分别规定了"浅绿"基金（Light Green
Funds）和"深绿"基金（Dark Green Funds）的 ESG 主题和披露要求。

同时，SFDR 也公布了对企业的披露规则。不利可持续影响披露（Principal
Adverse Impact，PAI）是 SFDR 中的一个关键要求，主要涉及属于环境指标的温
室气体排放、碳足迹、能源消耗、废弃物管理、生物多样性影响等，以及属于社
会指标的工作条件、性别平等、员工健康与安全、儿童劳动和强迫劳动等。

3. 美国

2024 年 3 月，美国证券交易委员会（SEC）发布了针对注册投资基金的新规
则③，要求规范披露并防止误导性的 ESG 声明④，这标志着上市公司必须在美国
披露的气候相关信息水平发生了重大变化。新规将 ESG 基金分为三个不同的类
别，并限制"ESG"等术语在基金名称中的使用方式。首先，将从事 ESG 投资的
基金分为两类：整合基金和 ESG 重点基金。整合基金的定义是将一个或多个 ESG
因素与其他非 ESG 因素一起考虑，但在其投资选择过程中，ESG 因素的重要性并
不如非 ESG 因素。相比之下，ESG 重点基金将一个或多个 ESG 因素作为其投资选
择过程中的重要考虑因素，或作为其与投资组合公司合作的一部分。其次，在
ESG 重点基金中再分出一个子集，称为影响力基金。影响力基金作为 ESG 重点基
金的一个子集由实现特定 ESG 影响的基金组成。⑤

此外，新披露规则⑥也适用于 SEC 各类注册人，并根据公司的规模有所不同。

---

① SFDR 与《分类法条例》和《低碳基准条例》一起推出，是欧盟委员会《可持续金融行动计划》产生
的一揽子立法措施的一部分。《分类法条例》规定了确定一项活动是否具有环境可持续性的标准，是解决"漂
绿"问题的主要机制。

② 可持续性风险是指可能对投资价值造成实际或潜在重大负面影响的环境、社会或治理事件或条件，例
如气候变化。主要不利影响是指投资决策或建议可能对可持续性因素产生的任何负面影响。例如，投资一家业
务运营二氧化碳排放量大的公司，或者水、废弃物或土地管理实践不佳的公司。详见：https：//am. jpmor-
gan. com/gb/en/asset – management/institutional/investment – strategies/sustainable – investing/understanding – SFDR/。

③ https：//www. sec. gov/securities – topics/climate – esg。

④ https：//www. sec. gov/news/press – release/2025 – 31。

⑤ https：//www. sec. gov/news/statement/lee – statement – esg – 052522# _ftn5。

⑥ 主要披露内容包括：气候相关风险及其对业务运营、战略、财务状况和前景的实际或合理可能的重大
影响；为减轻或适应重大气候相关风险而采取的活动，或使用过渡计划、情景分析或内部碳价来管理重大气候
相关风险的活动；有关气候相关风险的治理实践和相关风险管理流程的详细信息；某些较大的注册人的范围 1
和范围 2 排放，如果这些排放是实质性的，还需提交证明报告；关于恶劣天气事件和其他自然条件影响的财务
报表详细信息；有关气候相关指标和目标以及转型计划战略（如果有）的信息；碳抵消和可再生能源信用的使
用与支出。

首次公开持股量至少为 7 亿美元、随后公众持股量至少为 5.6 亿美元的公司需从 2025 财年开始披露，并从 2026 财年开始提交温室气体排放量；新兴成长型公司（或年度总收入低于 12 亿美元的公司）或规模较小的公司（公众持股量低于 2.5 亿美元或年收入低于 1 亿美元且公众持股量低于 7 亿美元的公司）不需要披露温室气体排放信息。这样一方面能及时收集和披露大公司的温室气体排放量，另一方面分阶段实施，给予小公司更多时间进行准备。

4. 亚太地区[①]

2024 年 4 月，在中国证监会的统一部署和指导下，上海证券交易所、深圳证券交易所和北京证券交易所正式发布了《上市公司可持续发展报告指引》（以下简称《指引》），自 2024 年 5 月起实施。《指引》要求上证 180 指数、科创 50 指数、深证 100 指数、创业板指数样本公司及境内外同时上市的公司应当最晚在 2026 年首次披露 2025 年度可持续发展报告，鼓励其他上市公司自愿披露。《指引》针对环境、社会、可持续发展相关治理等方面，设置了应对气候变化、污染物排放、生态系统和生物多样性保护、乡村振兴、创新驱动、员工等 21 个议题。《指引》的披露要求分为强制、鼓励与自愿三个层次，如对于范围 3 温室气体排放量未做强制要求，但鼓励有条件的主体披露；又如对气候适应性评估所采用的方法未做强制要求，鼓励采用情景分析等方式。

从表 5 - 3 可以看出，整个亚太地区 80% 的研究公司采用了 GRI 框架，最新的趋势是开始逐步采用 ISSB 框架或达到美国 SEC 的要求。

表 5 - 3　　　　　　　　亚太地区 ESG 的披露制度特点（2023 年）

国家/地区	披露要求	具体举措	合规性	国际框架	监管机制
印度	市值前 1000 名上市公司须披露详细的 ESG 信息	注重可持续融资和风险管理	印度证券交易委员会（SEBI）通过企业责任和可持续发展规则（BRSR）执行合规	受全球 ESG 标准影响	SEBI 监控合规，不合规将受到处罚
印度尼西亚	上市公司和金融机构必须提交可持续发展报告	注重可持续金融和社区参与	由金融服务管理局（OJK）监管	结合东盟和 ISSB	由 OJK 监管，不合规将受到制裁
日本	公司治理守则要求上市公司披露 ESG 信息	关注股东权利和环境可持续性	由东京证券交易所和金融服务局监督	TCFD	由外部审计师和监管机构监控

① https：//www2. deloitte. com/cn/zh/pages/audit/articles/listed - companies - sustainable - development - reporting - guidelines. html。

续表

国家/地区	披露要求	具体举措	合规性	国际框架	监管机制
马来西亚	上市公司必须进行 ESG 披露	目标包括减少碳足迹和加强公司治理	由马来西亚证券委员会监控	与东盟绿色债券标准和其他国际框架一致	由证券委员会负责监督，可能会处罚不合规行为
菲律宾	鼓励自愿 ESG 报告，某些行业有强制性规定	强调气候变化影响和社区发展	根据行业由菲律宾证券交易委员会（SEC）监控	努力与国际 ESG 实践对齐	由 SEC 监督，提供增强的报告指南
新加坡	上市公司必须进行年度可持续发展报告	注重绿色金融和可持续基础设施	由新加坡交易所强制执行	TCFD	由新加坡交易所监控并强制执行
韩国	大公司和金融机构必须进行 ESG 披露	包括详细的治理和可持续性实践指南	由金融服务委员会监控	反映全球 ESG 实践和标准趋势	由韩国交易所和金融服务委员会监督
中国台湾	积极推动自愿 ESG 披露，逐步走向强制性要求	关注绿色技术和减少工业污染	目前是自愿的，逐步向强制性合规过渡	参与全球 ESG 框架和标准	由金融监督委员会管理，鼓励合规
泰国	大型上市公司必须进行 ESG 报告	强调生物多样性和社区韧性	泰国证券交易委员会要求合规	结合国际 ESG 框架的要素	由泰国证券交易委员会严格监控合规

资料来源：亚洲经济法律期刊，https：//law. asia/zh - hans/regional - comparison - of - esg - regulations/。

（三）实施影响

三年来，欧盟 SFDR 对可持续投资领域产生了深刻影响。一方面，对许多中小型资产管理公司来说，由于需要投入更多资源进行数据收集、分析和报告，造成了较高的合规成本和技术挑战，增加了运营负担，使得持续推广 ESG 产品变得不经济，一些公司选择退出或减少 ESG 产品的推广。

另一方面，有效地减少了"漂绿现象"。严格的披露要求和标准化的 ESG 指标使得公司无法夸大其可持续性表现，加速了资金的流入。2023 年末，欧盟可持续投资的总基金规模达到 5.2 万亿欧元的新纪录，市场份额进一步攀升至欧盟市场的近 60%。其中符合 SFDR 第 8 条规则的基金规模占总资产管理规模的55.5%，第 9 条规则的基金占比为 3.5%。但符合第 8 条规则的基金净流出 270 亿欧元，符合第 9 条规则的基金净流出 43 亿欧元（见图 5 – 12）。

按资产类别看，符合第 9 条规则的基金超过 2/3 是权益类，而多元配置较少，这与符合第 8 条规则的基金结构不尽相同（见图 5 – 13）。

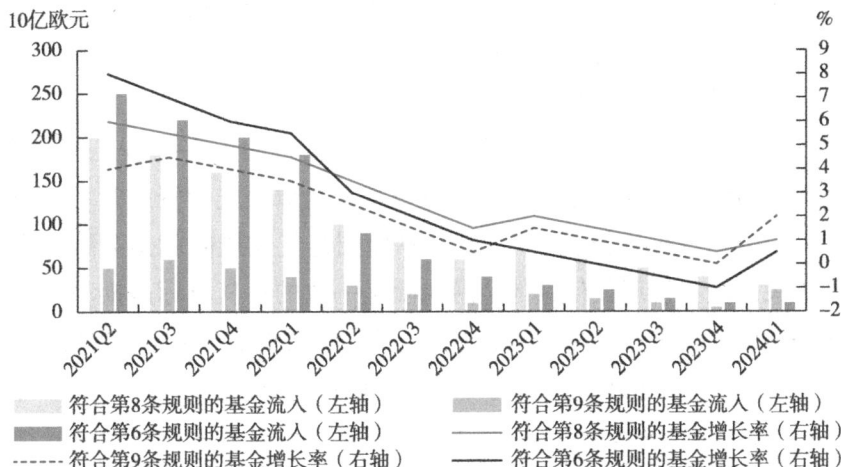

注：不包括货币基金、基金中的基金（FoF）和联接基金。

图 5－12　符合 SFDR 第 8 条、第 9 条规则的基金净流入及其增长率（2021—2024 年）

（资料来源：晨星）

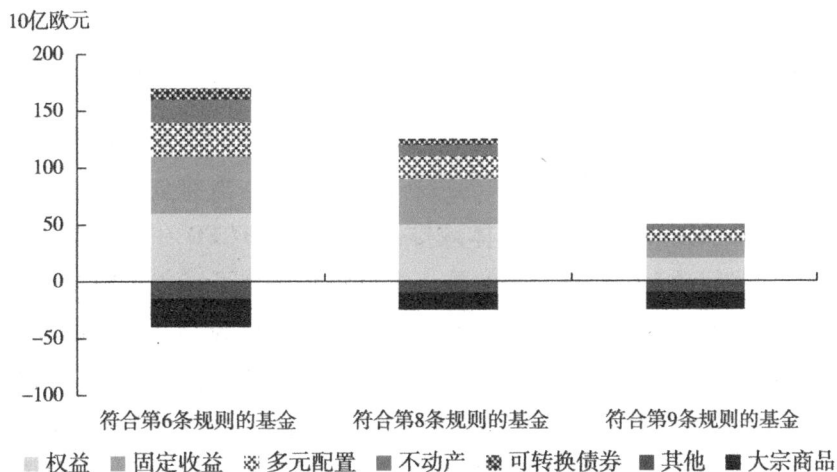

图 5－13　符合 SFDR 第 8 条、第 9 条规则的基金流动规模（按资产类别，2024 年）

（资料来源：晨星）

二、国际合作推动的进展与挑战

（一）合作特点

为了对企业和政策制定者产生有意义的影响，资产管理公司需要与其他行业参与者或非政府组织合作。当前规模较大的组织包括气候行动 100＋（Climate Action 100＋）、净零资产所有者联盟（Net－Zero Asset Ownet Alliance）和气候债券倡议组织等。这些组织在推动可持续金融和应对气候变化方面的不同领域发挥了重要作用，并具有几个突出的特点。

第一，市场基础好，自驱力强。从投资者而非政府的角度出发进行合作，虽然没有外在强制性，但更具有内在驱动力。如气候行动100+①是一项自愿倡议，投资者可以随时请求加入或退出，有超过700家全球领先的资产管理公司、养老金基金、保险公司等机构投资者②。其基本原则是气候风险就是金融风险，积极管理气候相关风险与管理任何其他金融风险是一致的；其目标是推动全球温室气体排放量最大的170家③公司减少排放、提高治理水平并公开气候相关信息。

第二，资产管理规模巨大，对市场影响力强。截至2023年末，气候行动100+的资产管理总额超过68万亿美元，净零资产所有者联盟的资产管理总额则超过10万亿美元④。

第三，提供严格透明的评估规则和评估标准，并进行定期评估。如气候债券倡议组织通过提供严格的气候债券标准和认证方案，确保资金用于真正的绿色项目；气候行动100+已发布两版净零公司基准用于评估大型温室气体排放企业的气候行动表现，2023年最新的基准（Benchmark 2.0）重点包括加强对减排的关注、对齐1.5摄氏度路径的评估以及稳健的净零转型计划，并发布了5份评估报告。

（二）进展及挑战

根据2023年末各气候合作组织的最新评估报告⑤，当前全球资产管理机构追踪的重点企业在长期和中期温室气体减排目标以及与TCFD一致披露的方面表现良好。例如气候行动100+中77%的重点企业至少披露了涵盖范围1和范围2的排放；93%的重点公司已实施董事会委员会对气候变化风险和机遇的监督，90%的重点公司已明确与气候相关财务信息披露工作组的建议保持一致。又如净零资产所有者联盟的68名成员2023年在气候解决方案上的投资总额达到3806亿美元，主要投资于建筑和能源领域的公司债券、上市股票、房地产、私人资产以及基础设施等。

但暴露的问题也很明显，大多数重点企业的行动速度较慢，与2022年相比结果几乎没有改善，无法实现《巴黎协定》的目标并降低投资者的风险。具体体现

---

① https：//www.climateaction100.org/。

② 如全球最大的资产管理公司贝莱德（BlackRock）、美国最大的公共养老金基金加利福尼亚州公务员退休系统（CalPERS）、英国最大的资产管理公司励正集团（Legal & General Investment Management）。

③ 这170家重点公司包括最初的100家"具有系统重要性的排放者"（直接和间接温室气体排放量合计最高），以及投资者选出的对加速净零转型至关重要的其他公司。

④ https：//www.unepfi.org/net－zero－alliance/。

⑤ https：//www.unepfi.org/wordpress/wp－content/uploads/2023/10/NZAOA－Third－Progress－Report.pdf。

在以下几个方面。

第一，短期温室气体减排目标缺乏对各个脱碳杠杆的量化（Quantification of Decarbonization Levers）。即企业在其减排计划中，没有具体分析和测量各项减排措施（"杠杆"）对总体温室气体减排目标的贡献。

第二，资本支出分配差异较大。约29%的公司披露了上一年在气候解决方案[①]上的投资金额，32%的公司明确了未来在气候解决方案上的资本支出计划，说明公司在气候解决方案上的投资差距很大。

第三，行业差异较大。在石油和天然气行业，大多数公司在转型风险披露和低碳活动多样化策略方面仍有很大差距，特别是在北美公司中，这种差距尤为明显。23%的公用事业公司已宣布或已经按照1.5摄氏度路径逐步淘汰其煤炭资产，另外29%的公用事业公司已宣布全面退役其燃煤机组，但石油和天然气公司的资本支出计划完全不符合《巴黎协定》的目标。

第四，政治影响开始显现。美国由于金融业参与者引导ESG政治化，2023年出现了一些资管机构高调退出净零产业联盟的情况，例如先锋集团退出净零资产管理公司倡议，以及慕尼黑再保险、苏黎世再保险和汉诺威再保险退出净零保险联盟。但与之矛盾的是，2023年9月，美国财政部为作出净零承诺的私营部门金融机构推出了9项指导原则[②]，鼓励更多的金融机构采用最佳实践，作出自己的净零承诺。这是美国政府机构首次就净零转型计划的制订和实施向金融部门提供指导。这些情况凸显了全球可持续金融所在政治和市场环境的复杂性。

结语

虽然个人投资者对可持续发展的兴趣持续上升，但仍面临几个方面的投资挑战。排在第一位的是缺乏透明度，投资者希望看到更详细、可信的数据报告。第二是对真实性的高度关注，说明"漂绿"现象仍然没有得到解决，监管机构需要加强对可持续声明的审核和认证。第三是对收益率短期波动性的担忧，说明市场上适合不同投资者需求的可持续金融产品仍然有限，资管机构需要平衡长期收益和短期风险，开发更多元化的产品以满足不同风险偏好和投资目标。第四是缺乏衡量可持续影响的工具，说明开发更全面的指标和评估方法是未来的重要趋势。第五是投资者对可持续投资的知识有限，说明来自资管机构或监管机构的教育和培训是关键。第六是可持续投资的复杂性可能增加投资者的时间和精力成本，可见简化流程和提供更多自动化工具可以减轻这一负担。

---

① 气候解决方案包括电动汽车和可再生能源（风能和太阳能）。

② https：//home.treasury.gov/system/files/136/NetZeroPrinciples.pdf。

第六章　另类资产在高利率时期的
动态发展

在实践中，另类资产是区别于股票、债券、现金等传统投资的资产配置方式，通常包括私募股权、风险投资、对冲基金、房地产和基础设施等，其内涵是动态且不断发展的，与金融市场发展密切相关。即使在利率上升的环境中，另类资产通常仍能提供较高的回报，但流动性相对不足、监管缺失始终是其高风险的来源。

第一节　另类资产的特点

一、另类资产的特点

另类资产一般具有几大功能。一是降低市场波动。多数另类资产的收益通常来源于发行人的业务表现，而不是市场驱动。与此同时，股票和债券等传统资产则更易受到市场因素驱动，如债券市场易随利率变化而上下波动，股票价格通常受股票市场波动的影响较大。由于资产价格影响因素存在较大差异，另类资产和传统资产之间的相关性通常较低。鉴于此，另类资产可以用来构建投资组合，通过多元化投资对冲市场波动，降低整个组合的风险。基于近10年（2014—2023年）全球股票、债券和另类资产的收益可知，股票和债券等传统资产之间的相关性较强，相关系数高达0.75，而另类资产与传统资产之间的相关系数远低于此，具体如表6-1所示。

表 6 - 1 传统资产与另类资产的相关性

资产	全球股票	全球债券	私募股权	风险投资	私募信贷	自然资源	房地产	基础设施
全球股票	1							
全球债券	0.75	1						
私募股权	-0.56	0.40	1					
风险投资	-0.49	0.35	0.94	1				
私募信贷	-0.20	-0.02	-0.16	-0.41	1			
自然资源	-0.01	0.49	0.16	-0.15	0.75	1		
房地产	-0.45	0.03	0.68	0.82	-0.59	-0.38	1	
基础设施	-0.39	0.14	0.74	0.77	-0.51	0.02	0.78	1

资料来源：睿勤（Preqin）、库尔沃（CURVO）。

　　二是凭借特殊的收益结构通常能够抵御通货膨胀。房地产和基础设施等实物资产天然具备对冲通货膨胀的属性，这些另类资产通常随着物价上涨而不断增值。与此同时，房地产和基础设施还能够随通货膨胀动态调整现金流收入，随物价上涨的现金流能够将通货膨胀转嫁给客户，从而进一步缓解通货膨胀侵蚀。长期通货膨胀往往会引致利率上涨，在此背景下凭借其相对于长期固定收益产品的结构性优势，另类信贷浮动利率敞口能够为投资者带来额外收益，从而更好保护投资者的长期购买力。近 10 年来，欧洲私募信贷收益率多高于欧元区通货膨胀水平，显示出较强的通货膨胀抵御功能，具体如图 6 - 1 所示。

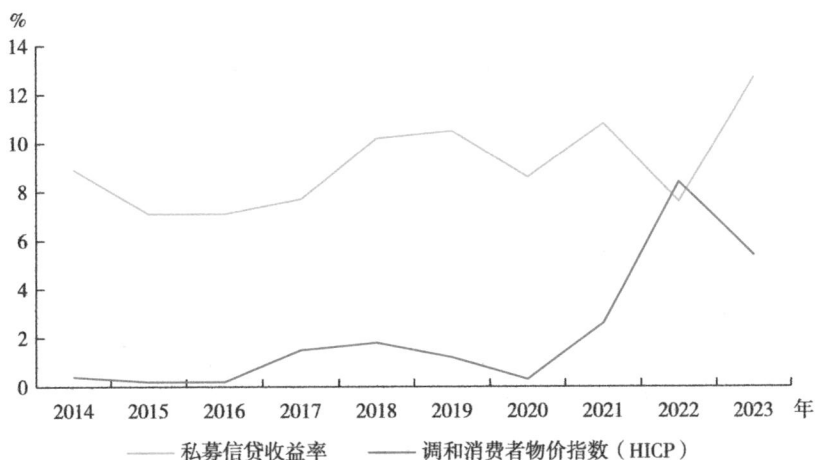

注：私募信贷数据为欧洲口径，通货膨胀数据为欧元区口径。

图 6 - 1　欧洲私募信贷收益率和通货膨胀对比（2014—2023 年）

［资料来源：欧盟统计局（Eurostat）、睿勤］

三是增强组合收益。另类资产可以提供公开市场无法获取的投资策略，增加收入来源从而改善组合的整体表现。与公开的借贷市场相比，私募信贷市场为投资者提供了获取更高收益的机会。具体来看，需要通过私募信贷融资的中小企业的经营和财务状况通常较差，而通过公开借贷融资的大型企业的融资约束更为宽松，信用风险水平决定融资成本，因而私募信贷通常会为投资者提供更高的收益作为补偿。在固定利率之外，私募信贷通常还与企业收入的一定比例挂钩，为投资收益提供了额外上行空间。据统计，无论是相对于公共贷款公开市场等价物（Public Market Equivalent，PME）还是高收益公开市场等价物①，私募信贷均具有较高的收益表现，具体如图 6-2 所示。

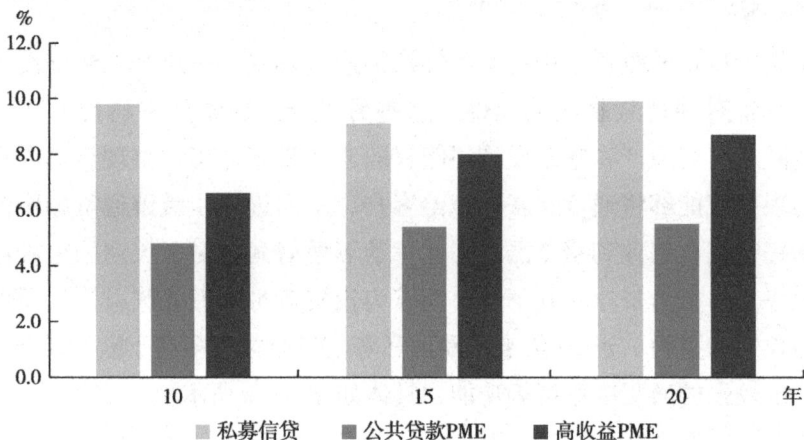

图 6-2　私募信贷与公共贷款收益率对比

[资料来源：康桥汇世（Cambridge Associates）、高盛（Goldman Sachs）]

二、另类资产与传统资产的差异

另类资产的流动性相对不足。与股票和债券等传统资产相比，另类资产通常不能在公开市场上出售，因而资产变现相对较慢，表现为流动性的相对不足。这种流动性不足一部分来自锁定期条款，硬锁定通常在一定时间内限制赎回，软锁定通常允许赎回，但在该期间内提高赎回成本。与此同时，另类资产的投资门槛相对较高，高额投资在短期内从非公开市场全部变现也存在一定难度，这也在一定程度上削弱了另类资产的流动性。此外，另类资产的价值实现过程涵盖私募市场项目的启动、发展、成熟和退出，较长的投资周期也降低了另类资产的流动

---

① 公共贷款公开市场等价物是指标准普尔/贷款联合交易协会（LSTA）杠杆贷款指数，高收益公开市场等价物是指彭博全球高收益指数。

性。摩根士丹利关于各种另类资产的投资门槛如图6-3所示。

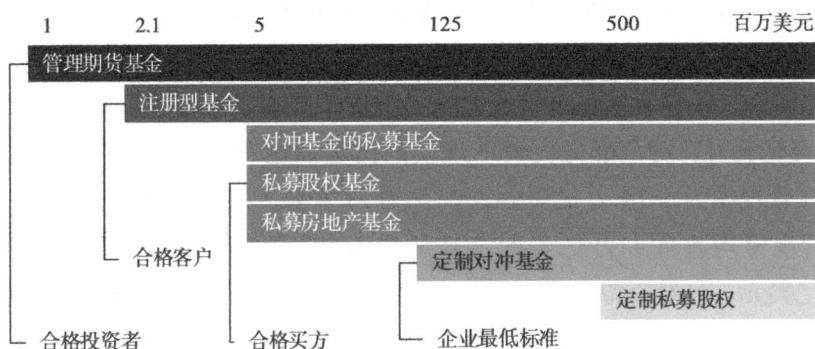

图6-3 另类资产门槛

(资料来源：摩根士丹利)

另类资产的监管相对缺失。传统资产可以在公开市场上交易，影响范围广泛，因而面临较为严格的监管，受到诸如证券交易委员会、联邦储备委员会（FRB）、联邦存款保险公司（FDIC）和金融行为监管局（FCA）等机构的监管。另类资产大多不在公开市场交易，影响范围相对较窄，因而所受监管相对较少。监管缺位意味着另类资产往往缺乏公开文件和其他历史信息的披露，导致透明度较低且难以估值。随着美国多德—弗兰克改革下的沃尔克规则、《欧盟另类资产基金经理指令》（AIFMD）、《外国账户税收合规法案》（FATCA）、《欧盟金融工具市场指令Ⅱ》（MIFID）和《巴塞尔协议Ⅲ》等法规的出台，另类资产受到不同程度的影响，具体如表6-2所示。

表6-2　　　　　　　　　　　　另类资产受法规影响程度

资产	沃尔克规则	《欧盟另类资产基金原理指令》	外国账户税收合规法案	《欧盟金融工具市场指令Ⅱ》	《巴塞尔协议Ⅲ》
对冲基金	◑	●	◑	◑	●
私募股权	◑	●	◑	◑	●
风险投资	◑	●	◑	○	◑
房地产	○	●	○	○	◑

资料来源：威普罗（Wipro）。

注：○表示无影响，◑表示局部影响，●表示重大影响。

三、全球另类资产的规模与结构

近年来，凭借在分散风险、对冲通货膨胀和增强收益等方面发挥的积极作用，另类资产迅猛发展并日趋成熟。据统计，2000年全球另类资产在管规模

（AuM）总计达 0.95 万亿美元，2023 年其在管规模已高达 18.83 万亿美元，复合年均增长率为 13.86%。睿勤预测，另类资产仍将延续增长态势，并于 2028 年达到 24.5 万亿美元的在管规模。[①]

与此同时，私募股权是规模最大的另类资产。2023 年，私募股权在管规模高达 8.77 万亿美元，占全部另类资产规模的比重高达 46.57%。其次是对冲基金，2023 年在管规模为 5.14 万亿美元，占比为 27.3%。私募信贷、房地产、基础设施的在管规模均超过 1 万亿美元，分别为 1.697 万亿美元、1.690 万亿美元和 1.31 万亿美元。自然资源是规模最小的另类资产，2023 年在管规模仅为 0.22 万亿美元，占比为 1.17%，具体如图 6-4 所示。

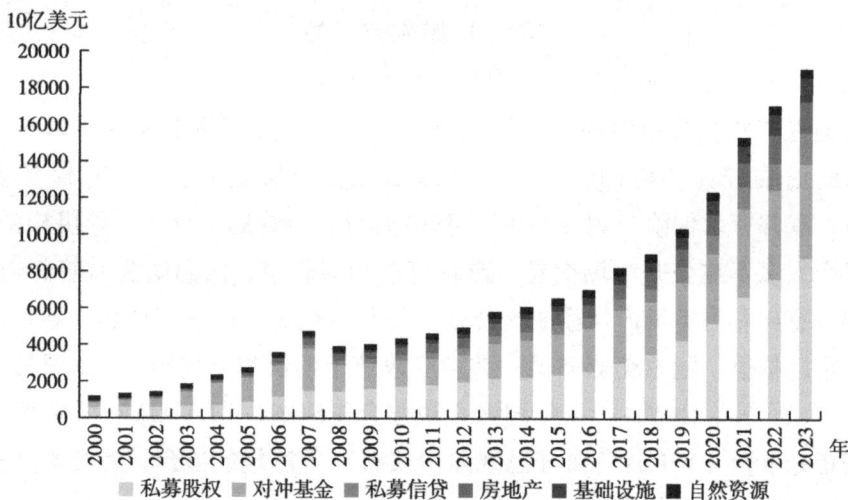

注：睿勤数据截至 2023 年 9 月。

图 6-4 另类资产在管规模分解

（资料来源：睿勤、Statista 全球统计数据库）

第二节 全球另类资产配置的发展趋势

一、私募股权

（一）私募股权融资规模持续增长

在稳定的政策环境和不断增加的市场需求背景下，私募股权融资金额在过去

---

① 资料来源于《另类资产 2028》（*Future of Alternatives* 2028）。

10 年中持续增长。以美国为例，2013 年美国私募股权资金筹集规模为 1572 亿美元，基金数量为 302 只。截至 2023 年底，美国私募股权资金筹集规模高达 3748 亿美元，增长幅度为 138%；基金数量为 733 只，增长幅度为 143%。近两年来，全球通货膨胀高企伴随利率大幅上涨，导致私募股权资金筹集规模稍有下滑，基金数量和筹资金额分别在 2021 年和 2022 年达到历史高点，具体如图 6 - 5 所示。

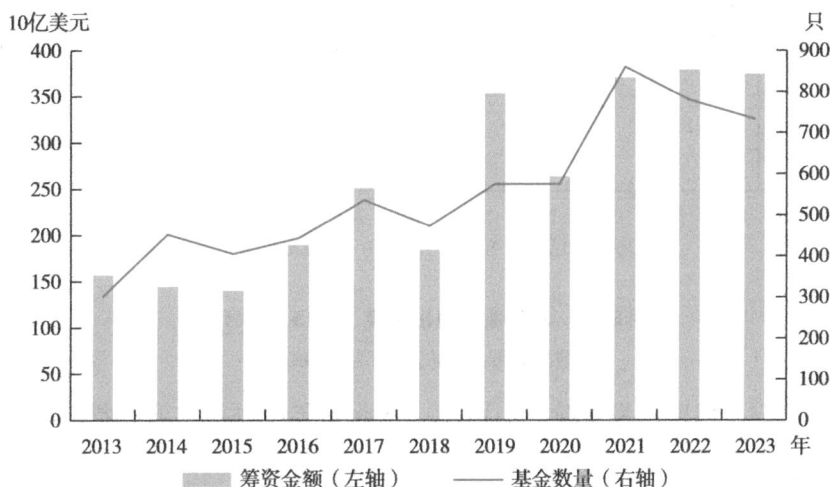

图 6 - 5　私募股权资金筹集规模（2013—2023 年）

（资料来源：投资分析平台 PitchBook）

（二）私募股权退出渠道受限

私募股权的退出是资本形成链中的关键环节，也是整个市场健康状况的指标。近两年来，私募股权的退出急剧下滑，退出金额和退出数量已下降至历史低点，具体如图 6 - 6 所示。私募股权退出受阻主要有如下影响因素：一是通货膨胀高企。虽然通货膨胀率已有下滑但仍处高位，导致许多公司利润承压，从而降低了对买家的吸引力。二是利率居高不下。较高的融资成本降低了潜在买家的投资意愿。三是地缘冲突不断，不确定性提升了供应链压力，引发投资者观望情绪，等待更为稳定的环境。四是全球经济衰退风险仍然存在，导致投资者规避周期性较强的行业。五是首次公开募股（IPO）停滞不前。IPO 是私募股权重要的退出渠道，全球 IPO 表现疲弱直接阻碍了私募股权的退出。

（三）私募股权二级市场持续发展

二级市场持续发展，逐步成为私募股权生态系统中的重要一环。在私募股权退出停滞期间，二级市场能够为整个生态系统提供额外流动性。通过二级市场交

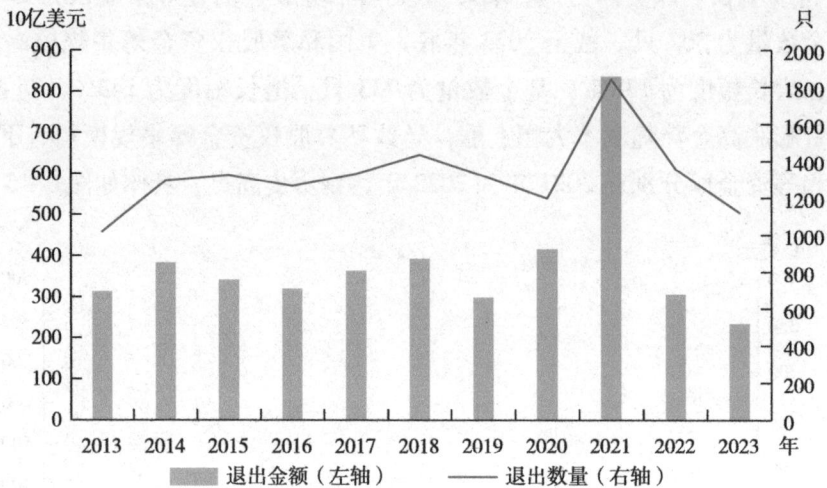

图 6 - 6　私募股权退出规模（2013—2023 年）
（资料来源：投资分析平台 PitchBook）

易，私募股权可以跨越发展阶段、地域、行业和年份进行多元化投资。通过购买接近收获期的资产，二级市场管理人可以有效降低 J 曲线的影响，规避问题资产并更好地进行资产配置。

近年来，私募股权二级市场流动性需求大幅增加，主要由三项因素所致：一是分子效应。2020—2021 年私募股权投资表现较好，资本募集较为顺畅，致使有限合伙人过度配置于私募股权。二是分母效应。2022 年股票和债券市场估值下跌，私募股权基金投资组合更为抗跌，从而进一步加剧了有效合伙人的过度配置。三是退出受阻。此背景下对新投资和预期将到期的基金进行的配置，也在一定程度上增加了过度配置问题，构成二级市场交易规模增加的重要因素。私募股权二级市场成交规模具体如图 6 - 7 所示。

从市场结构上看，普通合伙人（GP）主导的交易已成为二级市场的重要组成部分，可以有效满足普通合伙人、有限合伙人和二级市场投资者的切实需求。首先，GP 主导的交易可以延长私募股权投资的久期，使普通合伙人获得更多时间创造价值；同时可从二级市场引入新的资本，为普通合伙人的后续投资进行融资。其次，GP 主导的交易可以为有限合伙人提供比预期更早的实现收益的机会，助其提前锁定收益并获取流动性，进而得以重新平衡其在私募市场的投资组合。最后，GP 主导的交易可以在二级市场进行折价或溢价交易，为投资者提供具有吸引力的风险收益的投资机会。近年来，GP 主导的交易迅速增长，截至 2023 年在美国已高达 1120 亿美元，占二级市场总体成交额的 53.57%，具体如图 6 - 7 所示。

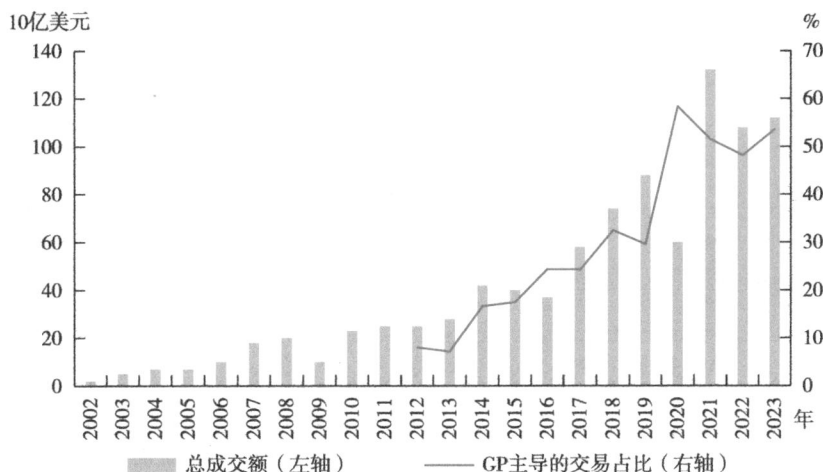

注：2012 年之前的有限合伙人（LP）主导成交额数据缺失。

图 6 - 7　私募股权二级市场成交规模（2002—2023 年）

［资料来源：《格林希尔全球二级市场回顾》（*Greenhill Global Secondary Market Review*）］

二、私募信贷

（一）国际金融危机后银行监管趋严促使私募信贷市场蓬勃发展

2008 年国际金融危机以来，私募信贷市场蓬勃发展，融资规模持续扩张的同时伴随着结构的分化。从规模上看，私募信贷在国际金融危机以后呈现清晰的扩张趋势，这主要是由于趋严的监管日益限制了银行可以承担的风险范围，银行从非核心贷款活动中退出，为私募信贷的发展创造良好机遇。2009 年，全球私募信贷规模仅为 327 亿美元，2023 年已增长至 1909 亿美元，增长幅度高达 484%。从结构上看，私募信贷策略经历了从不良债权向直接贷款的转变。具体来看，国际金融危机期间不良债权是私募信贷领域最主要的策略，491 亿美元的规模占据全市场的 44%，该策略所占份额在 2023 年已下降至 11%。凭借灵活性和多样化等优势，直接贷款发展强劲并成为最重要的私募信贷策略。截至 2023 年，全球直接贷款金额为 604.2 亿美元，占私募信贷总额的 31.8%，具体如图 6 - 8 所示。

（二）通货膨胀期间私募信贷的浮动利率优势日益凸显

近年来，新冠疫情和地缘政治冲突促使通货膨胀高企，随之而来的货币紧缩引发利率大幅上涨，持续侵蚀着部分投资的实际购买力。这种影响在固定利率贷款和固定收益投资中尤为严重，从而降低了相应投资中未来现金流的现值。在此背景下，2023 年私募信贷总体表现良好，这主要是由于其内部的浮动利率结构有

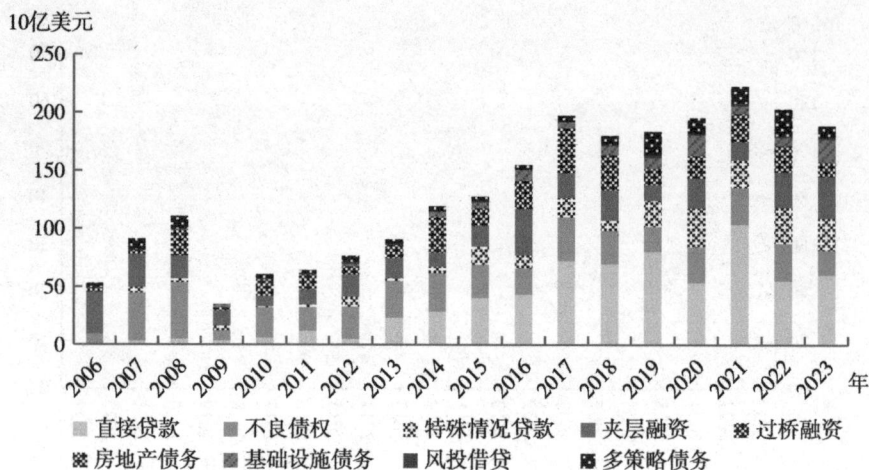

图 6 – 8　私募信贷融资规模分解（2006—2023 年）

（资料来源：投资分析平台 PitchBook）

效应对了利率上升，进而抵御了通货膨胀的侵蚀。此外，硅谷银行的倒闭以及潜在的银行系统危机使得银行放贷意愿降低，银行部门缩减了对中小型企业的敞口，从而为私募信贷的进一步发展创造了机会。

即使在低通货膨胀和低利率期间，私募信贷也能提供具备吸引力的风险调整收益。近年来，除国际金融危机、新冠疫情和俄乌冲突爆发初期，总需求和物价的脉冲影响促使私募信贷收益和通货膨胀之间的关系短暂背离，其余时间内私募信贷均呈现出较强的风险调整收益。究其原因，这主要是国际金融危机和新冠疫情的暴发急剧抑制了对私募信贷的需求，短期内降低了私募信贷收益率；而俄乌冲突则对物价产生脉冲影响，致使通货膨胀迅速攀升。鉴于私募信贷收益数据的可获得性不足，这里使用克利夫沃特（Cliffwater）直接贷款指数（Cliffwater Direct Lending Index，CDLI）进行量化，具体如图 6 – 9 所示。

（三）夹层融资重获新生

还款灵活性较高和股权稀释程度较低的属性为夹层融资（Mezzanine）奠定了坚实基础。夹层融资是一种介于高级债务和股权之间的融资方式，具备债务和股权的双重特征。一方面，仅付息期（Interest – only Period）和期末整付（Balloon Payment）等提升了夹层融资的还款灵活性，较为契合流动性收紧期间企业的现金需求。另一方面，夹层融资还包含一定的认股权证或转换期权，但对所有权的稀释程度相对较小，为投资者提供了参与企业发展的上行空间，这也使得借款人通过实物支付成为可能。

高级债务市场回落为夹层融资发展提供了外部机遇。地缘冲突、通胀反复、

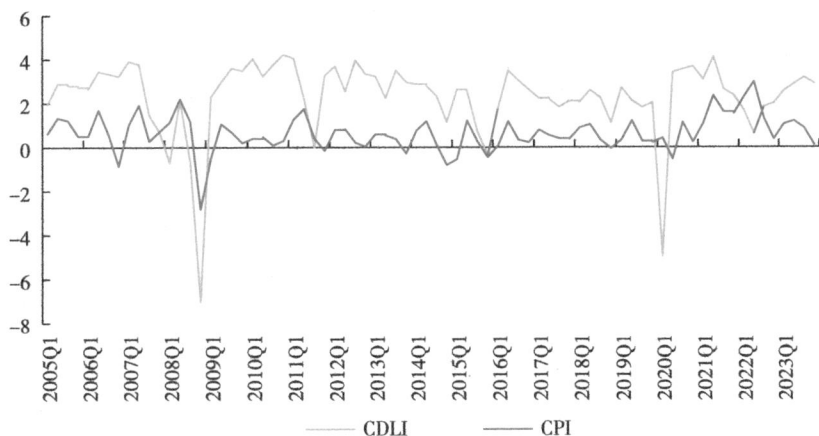

图 6 - 9　私募信贷收益和通货膨胀（2005—2023 年）

［资料来源：圣路易斯联储（Federal Reserve Bank of St. Louis）、克利夫沃特］

利率高企等无不加剧了经济不确定性，信贷环境收紧促使高级债务市场流动性受限。在高级债务市场回落的大背景下，替代效应为夹层融资提供了良好的发展窗口。以居民部门为例，国际金融危机以后抵押贷款占可支配收入的比重持续下滑，2023 年底抵押贷款占比已下降至 4.02%，较 2007 年的高点接近减半，具体如图 6 - 10 所示。

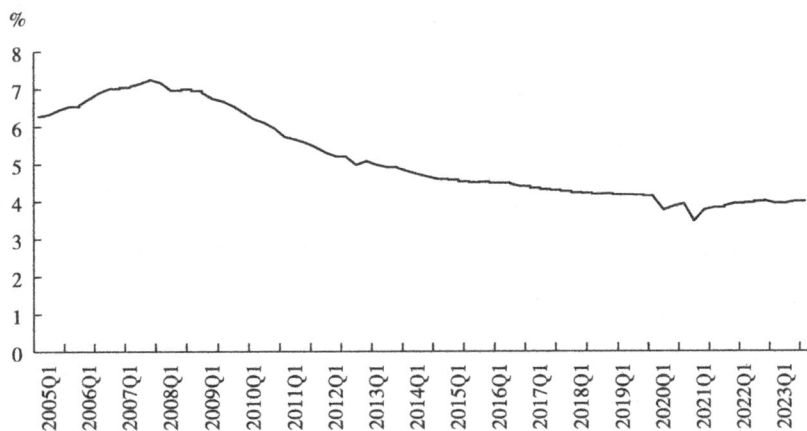

图 6 - 10　抵押贷款占比变化趋势（2005—2023 年）

（资料来源：圣路易斯联储）

国际金融危机以来，夹层融资呈现清晰的上涨态势。2009 年，夹层融资规模为 130 亿美元，占当时全部私募信贷的 40.12%，是当时最大的私募信贷策略。2023 年，夹层融资规模已增长至 361 亿美元，涨幅高达 178%，成为仅次于直接贷款的第二大私募信贷策略。2022—2023 年，硅谷银行倒闭暴露了银行系统风险，加剧了经济不确定性，在一定程度上加速了夹层债务的发展，2 年内增幅高达 139%，具体如图 6-11 所示。

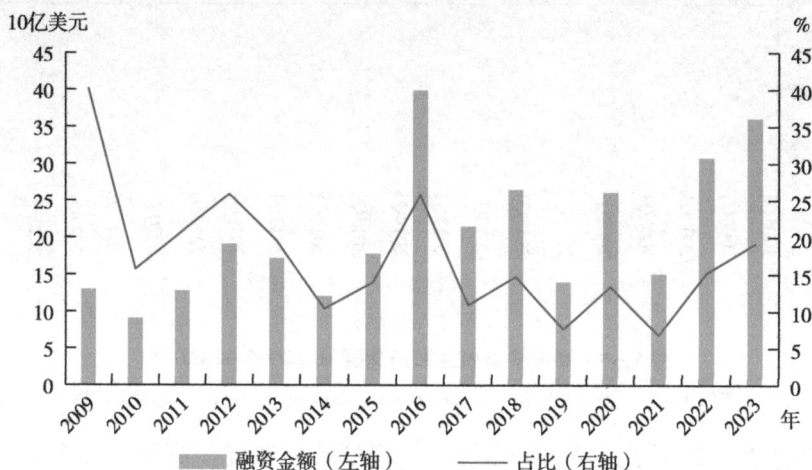

图 6-11　夹层融资历年规模及占比（2005—2023 年）
（资料来源：投资分析平台 PitchBook）

三、对冲基金

（一）对冲基金资产管理规模持续上升

凭借通货膨胀对冲、多元化投资和市场波动环境下的超额收益创造能力，对冲基金资产管理规模取得持续增长。截至 2023 年 9 月，对冲基金资产管理规模已达到 4.4 万亿美元。其中，宏观策略是最大的策略，在管规模为 1.3 万亿美元；股票策略次之，在管规模为 1.1 万亿美元，具体如图 6-12 所示。

（二）波动加剧促使对冲基金阿尔法生成能力反弹

国际金融危机以后，低通货膨胀和疲弱的经济增长导致全球货币政策趋于宽松，低利率市场环境下多数资产的波动性受到抑制。低迷的波动导致交易机会减少，因而全球对冲基金的阿尔法生成能力经历了将近 10 年的长期下滑，具体如图 6-13 所示。2020 年以来，外生冲击不断，货币政策持续收紧，流动性萎缩对金融市场产生较大冲击，资产价格波动加剧，不确定性上升的环境中对冲基金的交易机会增加，因而对冲基金获取超额收益的阿尔法能力开始反弹。

（三）对冲基金利基市场获得发展

保险连接证券（Insurance-linked Securities，ILS）是将风险从保险和再保险

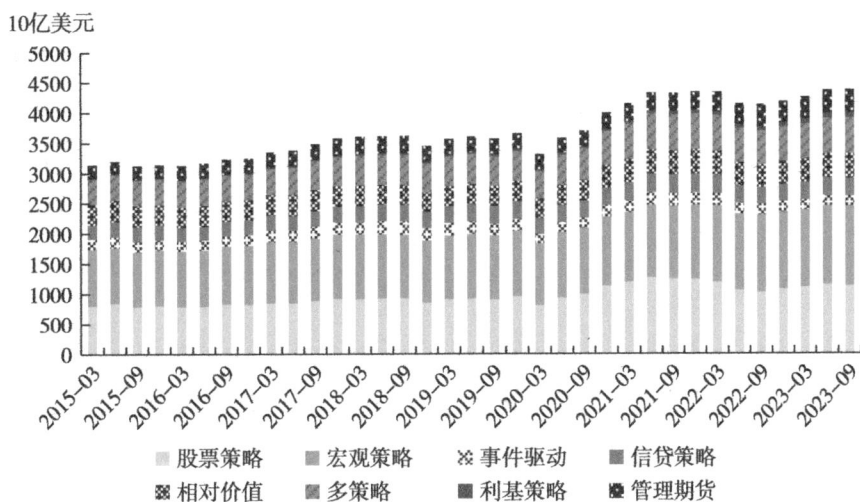

图 6 - 12　对冲基金各策略在管规模分解（2005—2023 年）

[资料来源：睿勤、另类投资管理协会（AIMA）]

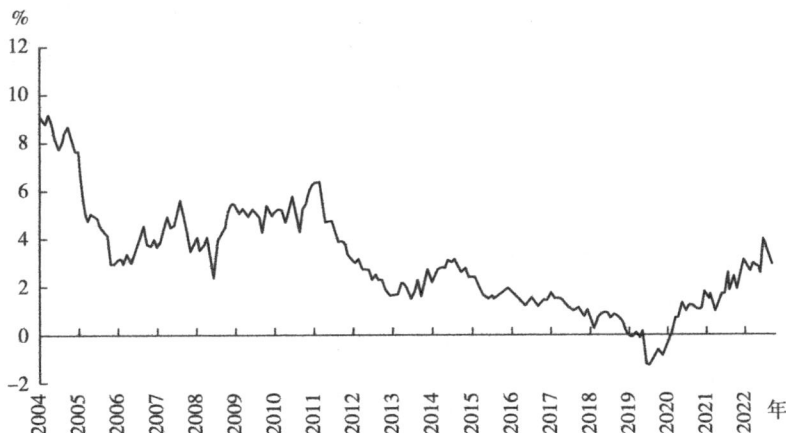

图 6 - 13　奥伯尼（Albourne）对冲基金指数（2005—2023 年）

（资料来源：奥伯尼）

公司转移至资本市场的金融工具，在结构上与宏观经济、金融市场和公司盈利等因素无关，因而其收益的驱动因素与传统资产相关性较低，利率和金融市场风险敞口较低。近年来，受气候变化和自然灾害频发影响，巨灾债券和保险连接证券发行量屡创新高，2023 年全年发行量高达 164 亿美元。保险连接证券需求的增加带动收益走强，2023 年巨灾债券指数①收益高达 19.69%，具体如图 6 - 14 所示。

---

①　此处的巨灾债券指数是指瑞士再保险巨灾债券指数（Swiss Re Cat Bond Index）。

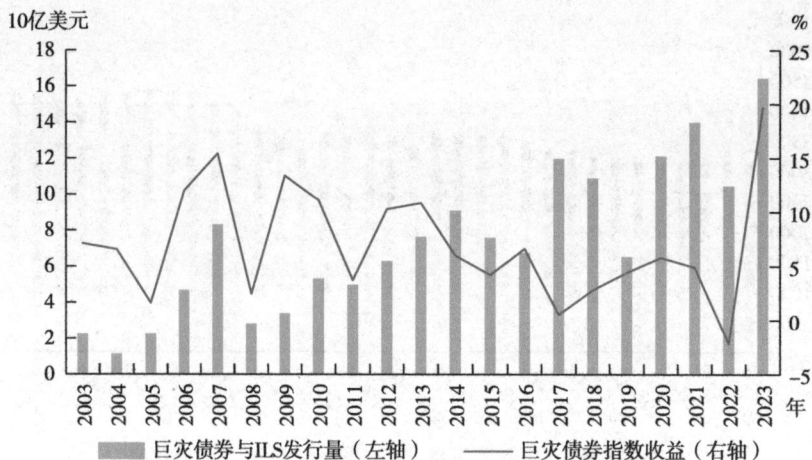

图 6 - 14　保险连接证券发行量与收益概况（2003—2023 年）

[资料来源：阿耳特弥斯（Artemis）、瑞士再保险（Swiss Re）]

在此背景下，对冲基金积极布局保险连接证券，保险连接策略成为 2023 年收益最高的子策略，收益率高达 14.4%，具体如图 6 - 15 所示。自 2021 年 3 月以来，包含保险连接策略在内的利基策略的资产管理规模翻番，从 414 亿美元增长到 2023 年 9 月的 861 亿美元。虽然该策略的规模目前仅占对冲基金在管规模的 2%，但投资者出于分散风险和多元化投资的需要，将继续推动利其策略的需求。①

四、房地产投资信托基金

（一）加息周期尾声将催化 REITs 收益反弹

从历史上看，利率见顶及下降是房地产投资信托基金（REITs）的重要催化剂。随着实际收益率的见顶，利率和资金成本下降的预期是资本密集型的长期 REITs 的利好因素。长期来看，加息周期内 REITs 倾向于走弱，加息尾声通常催化反弹力量，而降息周期内则呈现清晰的走强趋势。1999—2003 年的利率周期伴随着温和衰退，为当前的 REITs 市场提供了潜在路线图。2000 年暂停加息后，REITs 开始反弹，而在降息开启后大幅跑赢大盘，具体如图 6 - 16 所示。

当前，美联储加息周期已进入尾声，REITs 市场随之进入震荡调整阶段。2019 年至今是一个完整的利率周期，REITs 市场也呈现清晰的周期性运行趋势（见图 6 - 17）。2019 年至 2020 年初，降息周期启动促使 REITs 收益率持续走强，

---

①　数据来自睿勤的《另类资产报告 2024》（*Alternatives in 2024*）。

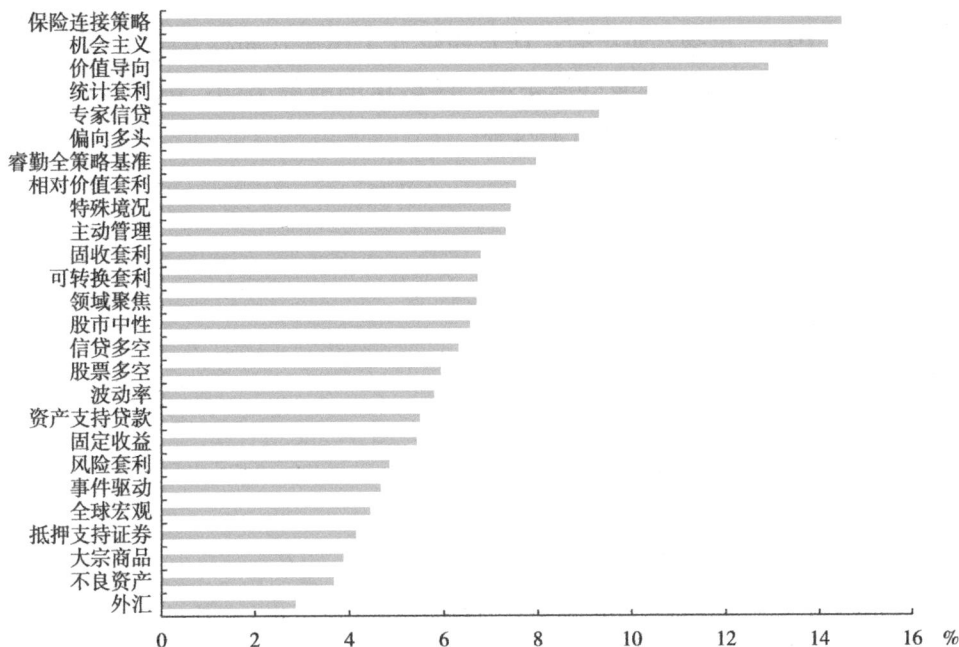

图 6 - 15　2023 年对冲基金子策略年化收益率

（资料来源：睿勤）

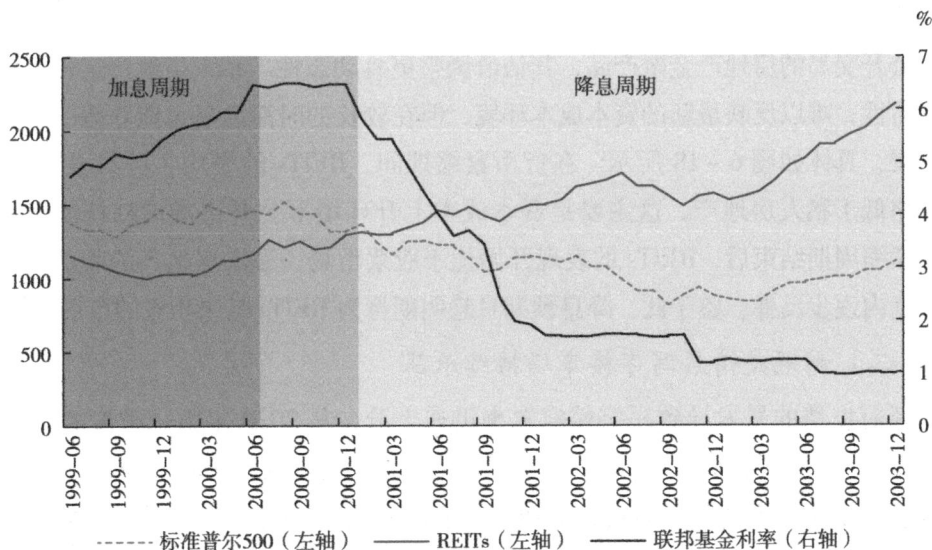

图 6 - 16　利率周期与房地产投资信托基金收益

［资料来源：宏观趋势（Macrotrends）、美国不动产投资信托协会（Nareit）、英为财情（Investing）］

新冠疫情冲击后的超低利率催生出 REITs 将近两年的收益率走强阶段。2022 年进入加息周期，REITs 市场开始走弱，直至 2023 年下半年，加息暂停后 REITs 市场进入震荡调整阶段。随着通货膨胀走弱，降息预期渐趋明朗，积极因素正在生成，REITs 市场筑底完成后或将开启反弹。

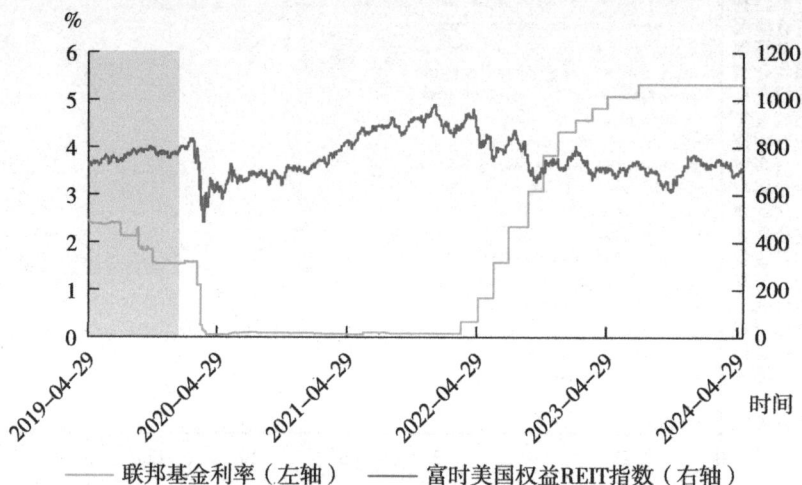

图 6 - 17　利率周期与房地产投资信托基金收益
（资料来源：宏观趋势、美国不动产投资信托协会）

紧缩周期结束后，公开交易的房地产往往长期跑赢私人房地产和大盘。REITs 作为公开交易的房地产金融产品，其估值调整更具动态性。私人房地产定价调整具有滞后性，难以反映最新的资本成本环境，但在较长的时滞之后也能获得一定程度的发展，具体如图 6 - 18 所示。在货币紧缩期间，REITs 的平均收益与股票相当，并且略低于私人房地产，这主要是资本成本上升环境下公开市场对杠杆的担忧所致。紧缩周期结束后，REITs 的表现开始优于股票市场，私人房地产的收益则在四个季度内逐步反弹。鉴于此，降息预期日趋明朗将为 REITs 带来积极的市场预期。

（二）新冠疫情后写字楼市场持续承压

新冠疫情的暴发导致写字楼空置率迅速上升，从 2020 年第一季度的 17% 上涨至 2021 年第二季度的 18.5%。需求的不足也导致有效租金持续下滑，写字楼市场经历了连续 5 个季度的租金下降，直至 2021 年第三季度写字楼租金才转为上涨。租金价格的下降叠加疫苗的逐步普及，部分线上办公转变为线下，写字楼的空置率在 2021 年经历了短暂下降。2022 年以来，写字楼空置率再度上升，并在 2024 年第一季度创下 19.8% 的历史新高。持续攀升的空置率逐步侵蚀了写字楼的有效租金，导致近期租金开始下降，具体如图 6 - 19 所示。

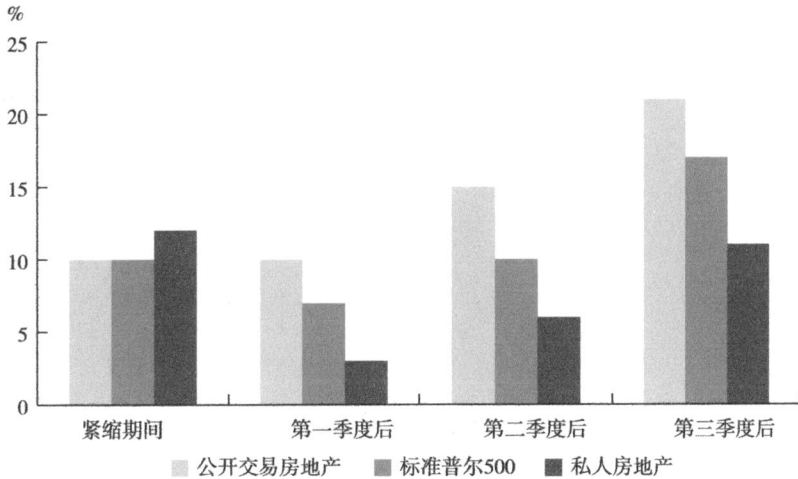

图6-18　美联储紧缩周期前后的平均回报率

[资料来源：富兰克林邓普顿（Franklin Templeton）]

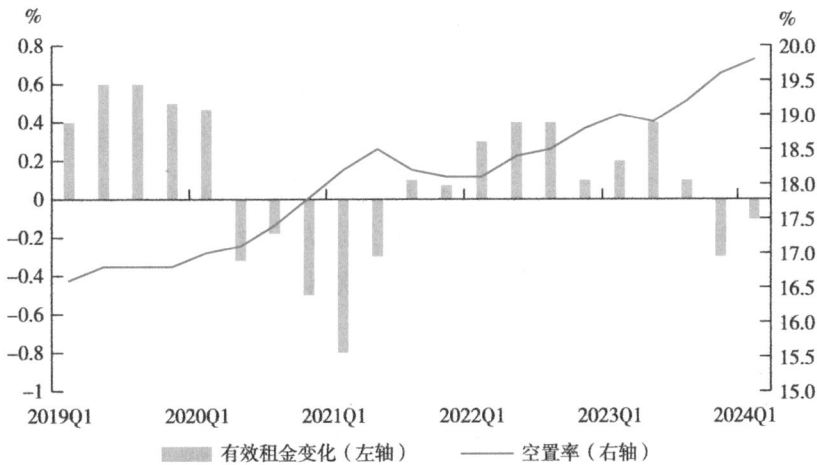

图6-19　写字楼有效租金和空置率趋势

[（资料来源：穆迪分析（Moody's Analytics）]

　　综观全球，美国的写字楼空置率尤为严重，远高于其他代表性国家。2023年，北美写字楼空置水平较高，欧洲相对较低。具体来看，美国和加拿大的写字楼空置率分别为18.4%和16.5%，而欧洲三个代表性国家写字楼空置率均未超过10%，英国、法国和德国的空置率分别为9.5%、6.7%和5.5%。除现代技术运营降低了写字楼的需求因素外，供给因素也深度影响着空置率。与世界其他地区相比，美国写字楼市场的库存过剩水平较为明显。以人均办公空间为例，美国以16.5平方米/人高居世界首位（见图6-20），因而供过于求的状况加剧了写字楼市场的空置水平。

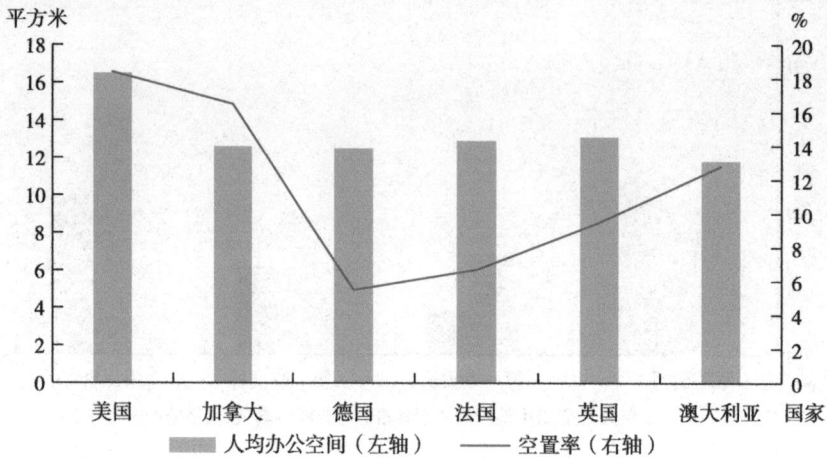

图 6 - 20　全球写字楼空置率与人均办公空间

[资料来源：世邦魏理仕（CBRE）、仲量联行（JLL）、戴德梁行（Cushman & Wakefield）、
科斯塔（CoStar）、博枫（Brookfield）]

（三）电子商务持续支撑物流地产发展

近年来，电子商务的发展和购物习惯的改变持续提升电商渗透率，为物流地产的发展提供了良好机遇。据统计，全球电商渗透率日益提升，2023 年美国、中国和英国电商端销售额占零售总额的比重分别为 15.6%、27.6% 和 26.6%（见图 6 - 21），代表着更为广泛的美洲、亚洲和欧洲的电商渗透率的提升。电商发展

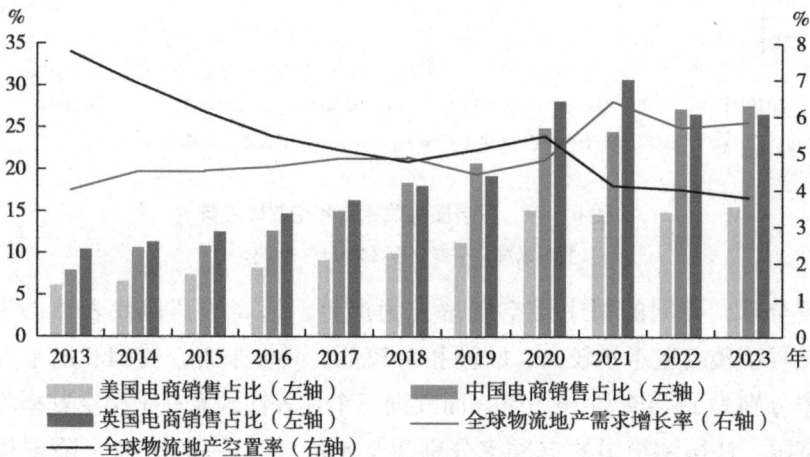

图 6 - 21　全球物流地产

[资料来源：美国人口调查局（U. S. Census Bureau）、
英国国家统计局（Office for National Statistics）、Statista 全球统计数据库、博枫]

带来了更多仓储物流空间的需求，为物流地产带来发展机遇。近 10 年来，全球物流地产需求增长率持续提升，相应的空置率随之降低，旺盛的需求也促使物流地产的租金不断提高。

供应链去全球化为物流地产提供了新的机遇。在新冠疫情之前，跨国公司通过减少库存并在低成本地区进行国际化布局，以最大限度地提高供应链效率。新冠疫情的暴发使全球供应链大幅承压，导致全球范围内的商品短缺和价格飙升。出于安全考虑，随之而来的供应链去全球化成为一种趋势，部分国家和企业开始增加库存并进行在岸制造或近岸外包，制造业的回流对物流地产产生较大需求。制造商的及时库存管理发生转向，结构上推动了地理位置优越的物流地产的需求增长。而主要运输和配送中心以及人口密集地区附近的物流地产供应有限，制造业回流和供应链优化将对这些地区的物流地产形成支撑。以旧金山和波士顿为例，近两年来这些地区的物流地产空置率加速下滑，加权平均租金持续上行，2022 年较疫情前累计上涨 35 美元，涨幅高达 47.95%，具体如图 6 - 22 所示。

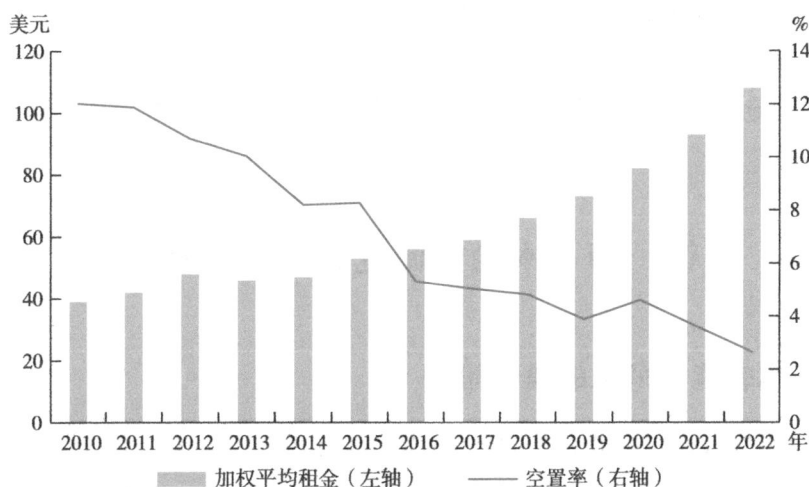

图 6 - 22 旧金山和波士顿地区物流地产空置率和加权平均租金
（资料来源：仲量联行、博枫）

结语

随着利率趋稳，投资者将更有信心在另类资产市场中寻求高回报和风险分散的机会。金融科技和区块链技术的应用也将提高投资的透明度和效率，降低成本，在更大的程度上改善另类资产的固有缺陷。特别是在数字资产和加密货币领域，另类资产将为投资者提供更多的机会。

第七章　能源危机与能源类大宗商品在多元化资产配置中的作用

2021 年以来，世界经历了一轮复杂的全球性能源危机，地缘政治驱动能源价格大幅上涨，导致严重的通货膨胀和经济损失。因此，越来越多的投资者将目光投向大宗商品，包括石油、天然气、金属和农产品期货期权市场，以寻求稳定的收益和有效的风险对冲。大宗商品通过其低市场相关性，增强了投资组合的稳定性和抗风险能力。在此背景下，探讨大宗商品在多元化资产配置中的作用显得尤为重要。

第一节　本轮能源危机的发展演变

一、本轮能源危机的具体阶段

本轮能源危机与 20 世纪 70 年代的能源危机具有相似性，但本轮能源危机影响更为广泛。20 世纪 70 年代的能源危机由石油禁运造成，这也客观上降低了全球对石油的依赖。相比之下，本轮能源危机涵盖的维度更多，除天然气外，还包括石油、煤炭和电力。

在俄乌冲突爆发前，本轮能源危机便已开始酝酿并初步显现。在这一阶段中，新冠疫情过后经济迅速复苏，能源需求回暖导致供应链压力激增，促使能源价格逐步企稳并持续回升。同时，2021 年的极端天气激发了居民用电需求，并在局部地区抑制了风电和水电的供给。此外，前期各国政府的能源投资相对不足，未能达到与能源需求相匹配的水平，这一点在清洁能源和化石能源方面均有体现，这就导致在能源需求激增的情况下难以迅速增加供给，给本轮能源危机的爆发埋下了伏笔。

　　俄乌冲突的爆发加剧了全球能源市场的供应链压力，全面提升了本轮能源危机的影响范围和严重程度。在这一阶段，欧美国家对俄罗斯进行了多轮制裁，限制了与俄罗斯的天然气、石油和煤炭贸易，给全球尤其是欧洲能源市场带来巨大冲击。天然气等化石能源的短缺持续拉升能源价格，随之而来的电价飙升不断推高企业生产和居民生活的成本，货币紧缩紧随高企的通货膨胀，对实体和虚拟经济产生持续影响。在该阶段下，能源危机的负面影响逐步溢出，从能源领域不断扩散至社会和经济的方方面面。

　　具体来看，近年来全球能源市场先后经历了需求收缩、疫后复苏、供给冲击以及危机缓和等阶段。首先，新冠疫情暴发后，疫情防控举措持续限制经济活动的开展，导致能源需求大幅收缩，能源价格持续低迷。其次，随着疫苗的研发和普及，管控措施逐步放松，经济复苏持续推高能源价格。以天然气为例，洲际交易所的荷兰产权转让设施（TTF）天然气期货在 2021 年 12 月中收盘价一度增长至 44.70 美元/百万英热单位，较之于疫情期间的低点上涨逾 32 倍。再次，俄乌冲突的爆发使本轮能源危机进入了供给冲击阶段，推动能源价格再度走向高点。TTF 天然气期货在 2022 年 8 月一度高达 71.33 美元/百万英热单位，较前一阶段高点再次上涨 59.57%。最后，欧盟通过寻求多元化的供给渠道、提前补充能源的库存、降低化石能源的使用、加速向清洁能源的转型，以及限制能源价格的市场机制等方式促使能源价格中枢持续降低。截至 2024 年第一季度末，TTF 天然气期货已降低至 8.65 美元/百万英热单位，较前一阶段高点下降了 87.87%，具体如图 7-1 所示。

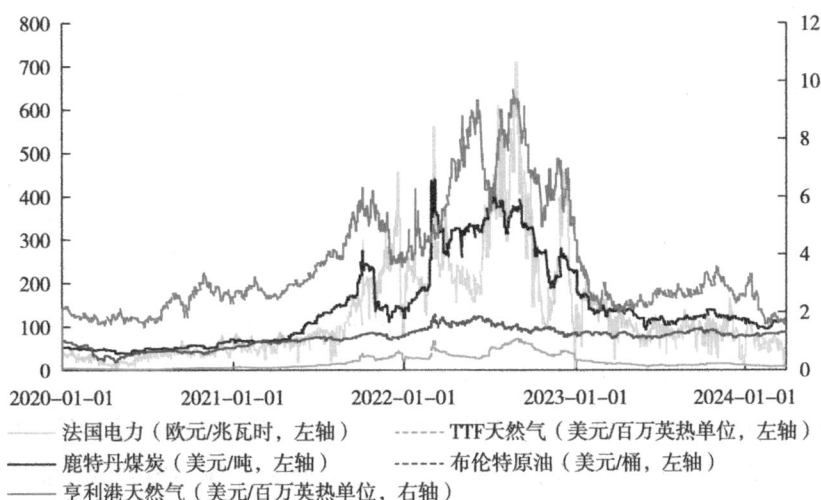

图 7-1　能源危机期间能源价格变化（2020—2024 年）

［资料来源：路孚特（Refinitiv）］

二、本轮能源危机的原因分析

（一）欧洲化石能源对外依存度较高

欧洲能源对外依存度较高，构成本轮能源危机的重要成因。现阶段，化石能源依然是欧洲能源体系的重要组成部分，受大宗商品市场波动的影响较大。在能源转型的大背景下，增加可再生能源对于抵御大宗商品市场波动具有重要意义。长久以来，欧洲传统化石能源的对外依存度较高，传统能源供应难以实现自主可控，较高的能源脆弱性给能源危机埋下了隐患。

具体来看，1990 年欧盟总体能源对外依存度为 50%，2022 年总体对外依存度已上升至 62.5%。在所有的化石能源中，石油及其制品的对外依存度最高，1990 年欧盟有 93.1% 的石油依赖于进口，2022 年石油进口占比已提高至 97.7%。天然气作为重要的清洁能源，凭借在环境保护方面的重要作用而得到广泛推广。在此背景下，欧洲煤炭的进口增长趋势有所放缓，石油进口趋势平稳，天然气表现一枝独秀，进口占比持续提升。与此同时，欧洲天然气对外依存度持续走高，从 1990 年的 51.8% 上升至 2022 年的 97.6%，具体如图 7-2 所示。

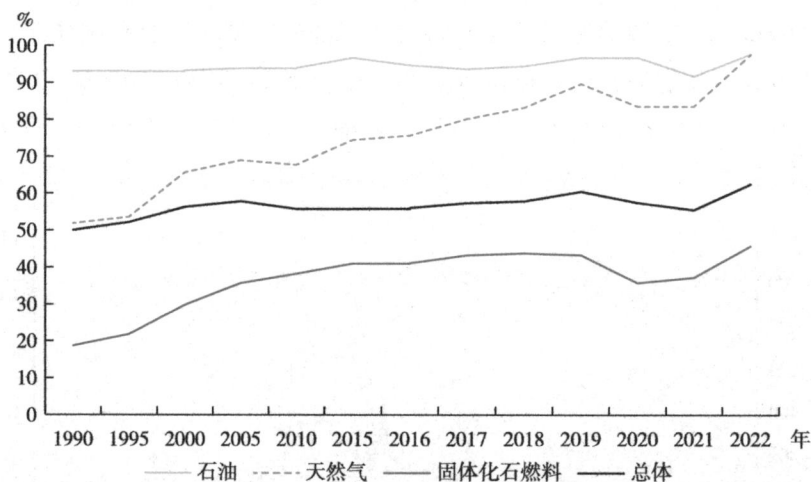

图 7-2　欧盟能源对外依存度（1990—2022 年）
（资料来源：欧盟统计局）

进口来源高度集中直接将欧洲推向本轮能源危机的中心。能源对外依存度高是能源体系脆弱性的基础，而进口来源集中度高则为地缘冲突背景下的能源危机埋下了隐患。地缘政治风险作为能源市场的重要变量，深刻影响着全球能源市场的供求和价格。在本轮能源危机中，俄乌冲突这一重大地缘政治因素是将前期能源供求矛盾推向危机高点的重要原因。

在俄乌冲突爆发前，俄罗斯是欧盟各项化石能源的主要进口来源。其中，煤炭是欧盟对俄罗斯依赖程度最高的能源，2021 年欧盟对俄罗斯煤炭的进口依存度高达 54%。同时，2021 年欧盟从俄罗斯进口天然气 1502 亿立方米，占欧盟天然气进口总量的份额为 45%，俄罗斯是欧盟天然气进口的最大来源地，此外，欧盟石油进口集中度较煤炭和天然气低，但其石油最大进口来源地依然是俄罗斯，从俄罗斯进口石油的份额为 25%，具体如图 7 - 3 所示。鉴于俄罗斯是欧盟最大的化石能源进口来源地，俄乌冲突对欧盟传统能源的供应产生重大影响。

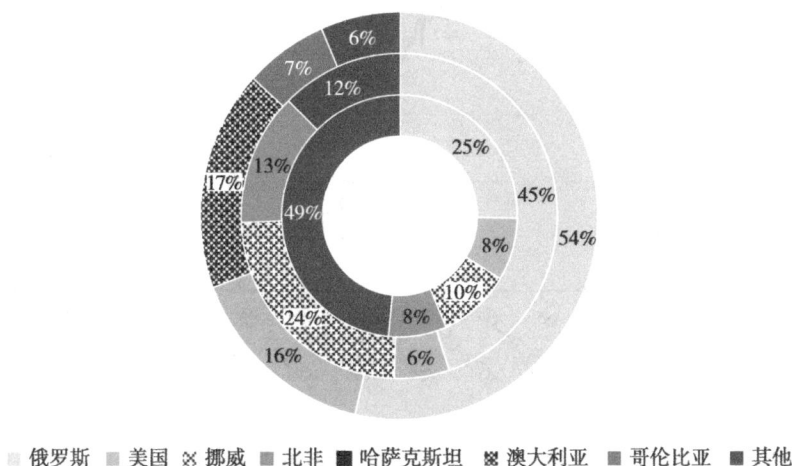

注：内圈表示原油进口份额，中圈表示天然气进口份额，外圈表示煤炭进口份额。

图 7 - 3　俄乌冲突爆发前欧盟能源主要进口来源（2021 年）

（资料来源：欧盟统计局）

（二）对俄制裁举措限制了能源贸易

俄乌冲突爆发以来，欧盟对俄罗斯实施了前所未有的大规模制裁，包括有针对性的个人限制性措施、外交措施、签证措施和经济制裁等。经济制裁旨在对俄罗斯的行为施加严重后果，并有效挫败俄罗斯进一步开展军事冲突的能力。经济制裁涵盖领域广泛，包括金融、贸易、能源、运输、技术和国防等部门。在能源贸易领域，欧盟实施的石油禁令禁止从俄罗斯购买、进口或转让海运原油和某些石油制品，原油相关限制从 2022 年 12 月 5 日开始实施，其他精炼石油产品的限制从 2023 年 2 月 5 日开始实施。石油禁令覆盖了欧盟从俄罗斯进口的石油的90%，大幅降低了俄罗斯的外贸利润。同时，制裁举措还包括禁止进口所有形式的俄罗斯煤炭，并禁止俄罗斯国民和实体预定欧盟成员国天然气储存库。

欧盟对俄罗斯天然气的实质性制裁举措相对较少，这主要是由于欧盟对俄罗斯天然气的严重依赖。然而，俄罗斯却主动削减了对欧盟的天然气供应，以牺牲自身利益为代价对欧盟制裁举措进行反制。在俄乌冲突爆发前，俄罗斯已经削减了对欧洲买家的供应，并在 2021 年下半年将其在欧盟运营的天然气存储设施空置。俄乌冲突爆发以来，由于欧盟对俄罗斯海上石油禁运、设置油价上限等制裁举措以及拒绝使用卢布交易，俄罗斯逐步削减了北溪管道天然气输送量，并于 2022 年 9 月将其削减至零，具体如图 7-4 所示。

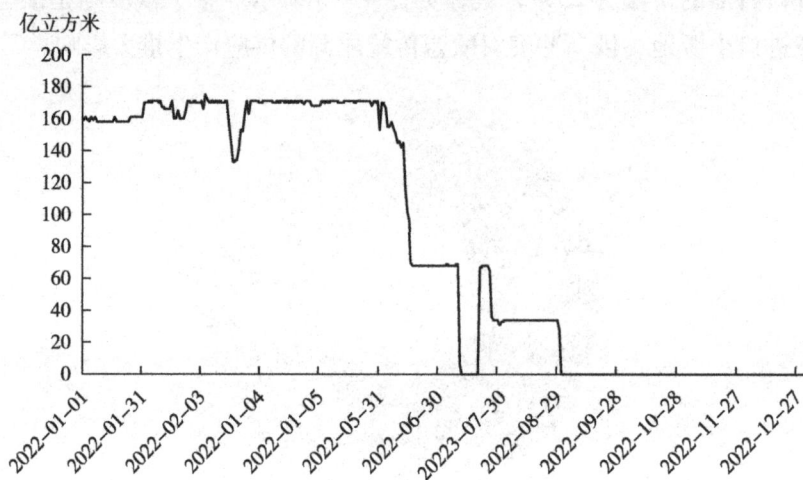

图 7-4 北溪管道天然气输送量

[资料来源：布鲁塞尔欧洲与全球经济研究所（Bruegel）、欧洲天然气管道设施运营商联盟（Entsog）]

液化天然气进口的增加构成天然气供应削减背景下的结构性变化。除北溪管道外，俄罗斯还大幅削减了通过其他管道向欧盟输送的天然气，包括 2022 年 5 月完全切断通过亚马尔（Yamal）管道系统的天然气输送，通过乌克兰到欧盟的过境天然气大幅减少。截至 2022 年 10 月，俄罗斯通过管道交付欧洲的天然气已同比下降80%。与 2019 年至 2021 年的水平相比，欧盟天然气需求在 2022 年下降了12%，在 2023 年下降了 13%。

在管道天然气交付大幅下滑的背景下，液化天然气进口成了欧盟的替代选择。欧盟液化天然气进口在天然气进口总额中的份额比 2019 年的 20% 翻了一番，到 2023 年已达到 40%。在欧盟进口的液化天然气中，美国液化天然气占较大比重，美国成为欧洲天然气市场中的最大受益者。2021 年第一季度，欧盟从美国进口液化天然气 40.47 亿立方米，2023 年第四季度增长至 170.3 亿立方米，增长幅度高达 321%，具体如图 7-5 所示。从整体上看，欧盟液化天然气进口的增加仍然难以完全弥补俄罗斯管道天然气的下降，从而对欧洲天然气市场造成较大压力。

亿立方米

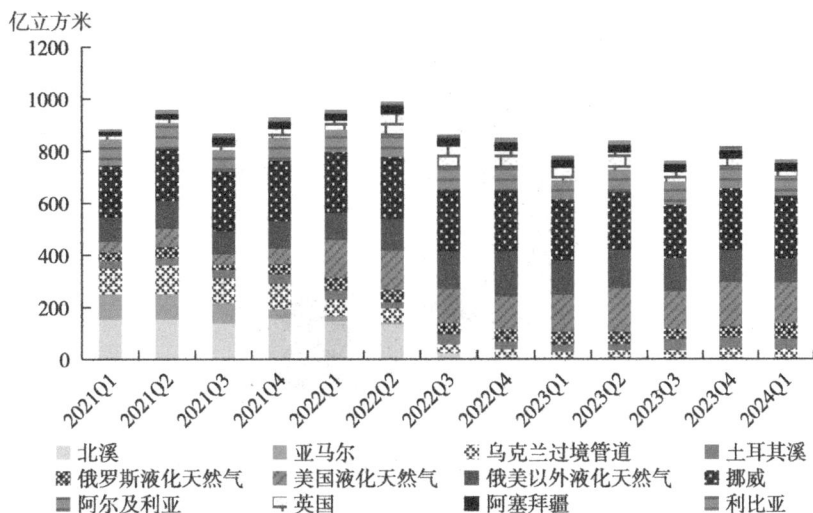

图7-5　欧盟天然气进口量结构性变化

[资料来源：布鲁塞尔欧洲与全球经济研究所、
欧洲天然气管道设施运营商联盟、德国经济研究所（GIE）、彭博]

图例：北溪　亚马尔　乌克兰过境管道　土耳其溪　俄罗斯液化天然气　美国液化天然气　俄美以外液化天然气　挪威　阿尔及利亚　英国　阿塞拜疆　利比亚

一方面，石油禁运促使欧盟石油进口来源呈现清晰的结构性变化。在俄乌冲突爆发前，俄罗斯是欧盟天然气进口的最大来源，但欧盟对俄石油进口依赖程度相对于煤炭和天然气较低。2022年第一季度，欧盟从俄罗斯进口的石油占欧盟石油总进口量的30%。随着欧盟海上石油禁运和价格上限等制裁措施的颁布与生效，欧盟从俄罗斯进口的石油比重逐年降低，2023年第一季度该比率下滑至6%，2024年第一季度该比率已下降至3%。但由于进口来源相对多元，欧盟积极寻求从其他国家进口石油。其中，美国依然是最大的受益者，弥补了俄罗斯留下的大量空缺。2022年第一季度，欧盟从美国进口的石油仅占欧盟石油进口总量的9%，到2024年第一季度，这一比率已将近翻倍，大幅增长至17%。此外，从挪威和哈萨克斯坦等国进口的石油在欧盟石油进口总量中的份额也经历了持续提升。从挪威进口的石油在欧盟石油进口总量中的比重从2022年第一季度的8%提升至2023年第一季度的11%和2024年第一季度的12%。从哈萨克斯坦进口的石油在欧盟石油进口总量中的份额从2022年第一季度的7%上涨至2023年第一季度的8%和2024年第一季度的9%，具体如图7-6所示。进口替代一定程度上缓解了石油禁运对欧洲石油市场产生的压力。

另一方面，欧盟经济制裁同样促使俄罗斯石油出口去向发生结构性变化。尽管俄罗斯受到了严厉的经济制裁，但其仍在国际石油市场发挥巨大作用。不可否认，海上石油禁运和价格上限等制裁举措大幅减少了欧盟对俄罗斯的石油进口需

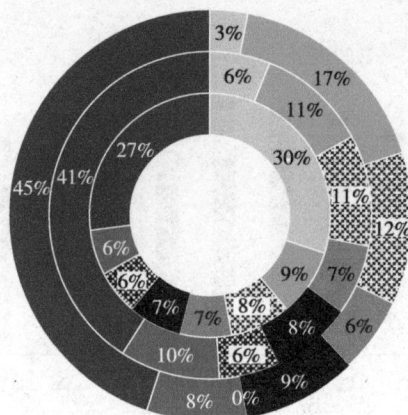

图例：■ 俄罗斯　■ 美国　⊠ 挪威　■ 英国　■ 哈萨克斯坦　⊠ 利比亚　■ 沙特阿拉伯　■ 其他

注：内圈表示 2022 年第一季度石油进口份额，中圈表示 2023 年第一季度石油进口份额，外圈表示 2024 年第一季度石油进口份额。

图 7 - 6　欧盟石油进口来源变化

［资料来源：欧盟统计局（Eurostat）］

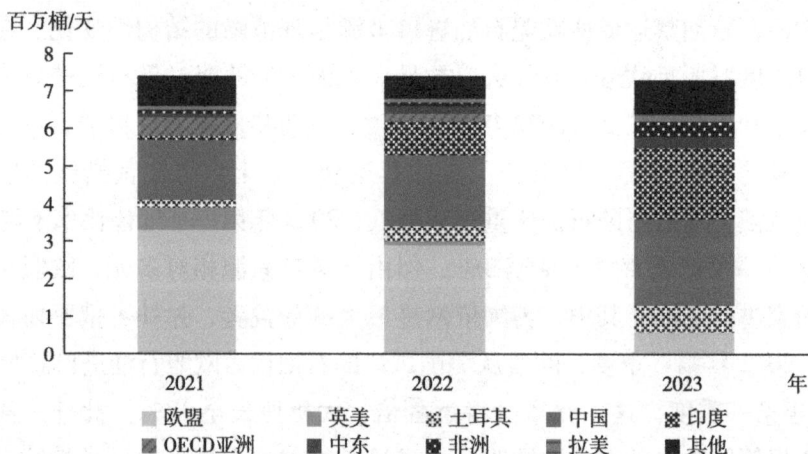

图例：■ 欧盟　■ 英美　⊠ 土耳其　■ 中国　⊠ 印度　▨ OECD亚洲　■ 中东　▨ 非洲　■ 拉美　■ 其他

图 7 - 7　俄罗斯石油出口去向变化

［资料来源：国际能源署（IEA）］

求，从 2021 年的 3.3 百万桶/天缩减至 2023 年的 0.6 百万桶/天，具体如图 7 - 7 所示。但与此同时，俄罗斯积极寻求石油出口贸易伙伴，实现了出口去向的替代，向印度、中国和土耳其等地的石油出口大幅增加，抵消了欧盟、英美和经合组织对亚洲的出口下滑。鉴于此，在多轮国际制裁不断推出的情况下，俄罗斯仍是仅次于美国和沙特阿拉伯的第三大石油生产国，是仅次于美国的第二大石油出口国，同时也是最大的净出口国。值得注意的是，俄罗斯对欧盟石油出口的萎缩无疑给欧盟能源系统造成较大压力。

俄乌冲突爆发后，俄罗斯和欧盟间的能源贸易大幅萎缩，构成本轮能源危机后半段的主要推动因素。在俄乌冲突爆发前，俄罗斯和欧盟之间的能源贸易额呈现清晰的上涨趋势，俄乌冲突的爆发扭转了双方能源贸易的趋势。具体而言，2022年初欧盟每月从俄罗斯进口的化石能源总额高达160亿美元，到2023年底月度进口额已下滑至24.4亿美元左右，具体如图7-8所示。总体来看，俄罗斯对欧盟化石能源出口大幅萎缩，持续加剧着欧盟能源供求紧张关系，长期影响着欧盟的通货膨胀和经济增长前景。

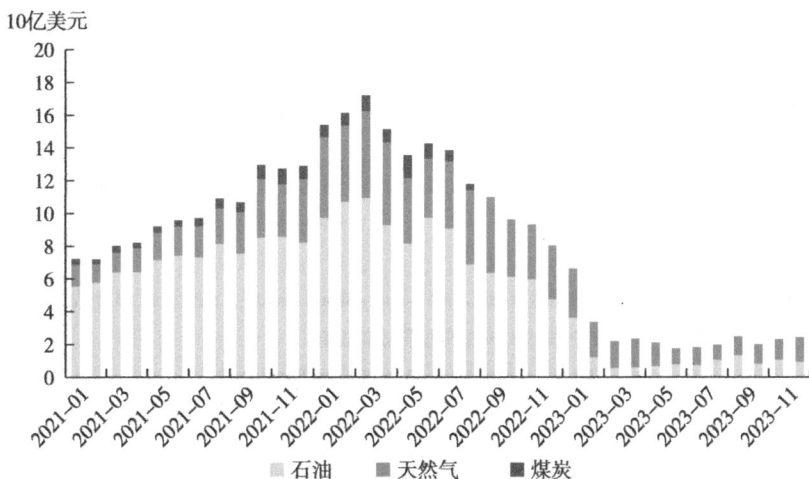

图7-8 俄罗斯对欧盟化石能源出口变化

（资料来源：布鲁塞尔欧洲与全球经济研究所）

第二节 能源危机对国际金融市场的影响

一、对股票市场的影响

在能源危机初期，宏观经济疫后复苏持续利好股票市场，就业率回升，居民可支配收入增长，需求回暖带动市场预期，支撑股市估值修复。在这一阶段，股市的上涨趋势在能源危机的演化中持续放缓，企业盈利修复的斜率因日益推升的成本而放缓，能源供求关系日趋紧张导致通货膨胀愈演愈烈，盈利预期转弱逐步扭转股市上涨趋势。与此同时，能源公司却是股市趋势反转中的结构性亮点。

在能源危机后半阶段，股票市场下行趋势主要是由高通货膨胀引发的货币紧缩政策所致。随着能源危机的发展和演进，通货膨胀持续上升并长期高于中央银行目标，在这一阶段市场参与者对可能影响政策利率预期路径的因素更加敏感，导致实际利率波动性显著增加。当中央银行启动加息后，无风险利率和风险溢价上升，未来现金流的现值下降，从而侵蚀风险资产的价值，导致欧元区股市估值下滑，具体如图7-9所示。

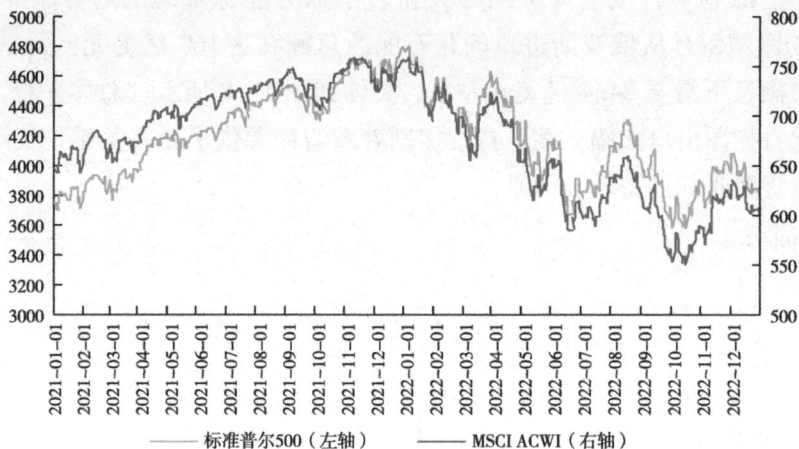

——标准普尔500（左轴）　　——MSCI ACWI（右轴）

注：MSCI ACWI 表示 MSCI 世界指数（MSCI All Country World Index），涵盖全球23个发达市场和24个新兴市场国家的大中型股票，覆盖了全球约85%的可投资股票机会。

图7-9　能源危机前后全球股市走势
（资料来源：路孚特）

聚焦能源危机最为严重的2022年，全球股市普遍遭遇大幅下跌。在俄乌冲突爆发前，能源危机主要由疫后经济复苏的需求因素主导，该阶段全球股市均大幅下滑。其中，MSCI世界指数下降9.34%，标准普尔500指数较其他地区的下降幅度更大。俄乌冲突爆发后，全球能源危机在能源供应链逐步切断的情况下愈演愈烈，多个国家先后开启货币紧缩周期。这一阶段，股市的下跌更多由利率因素主导，MSCI世界指数下降11.23%，股市下跌幅度高于前一阶段，具体如图7-10所示。

二、对债券市场的影响

能源危机期间，全球政府债券收益率持续上升。通货膨胀引致的利率高企促使主权国家的融资成本上升，在经济增长前景疲弱的情况下，政府债务的可持续性引发担忧。在经济衰退风险增加、金融状况收紧、信贷市场流动性下降的情况下，市场参与者开始减持评级较低或风险较高的主权债券，集中抛售的发生促使政府债券收益率进一步下跌并长期持续。总体来看，美国、英国和欧元区国家的债券市场在能源危机期间持续承压，政府债券收益率上升幅度较高，而日本的政府债券收益率上涨幅度相对较小，具体如图7-11所示。

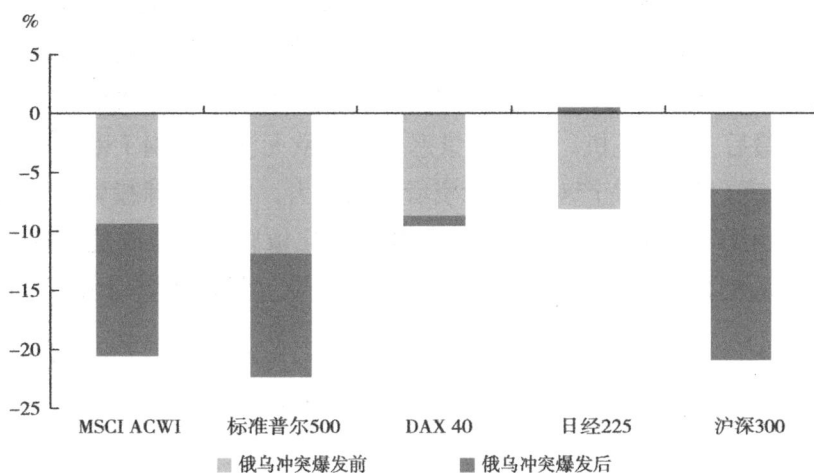

注：俄乌冲突爆发前指 2022 年 1 月 1 日至 2022 年 2 月 23 日，俄乌冲突爆发后指 2022 年 2 月 24 日至 2022 年 12 月 31 日。

图 7 - 10　2022 年全球主要股市涨跌幅
（资料来源：路孚特）

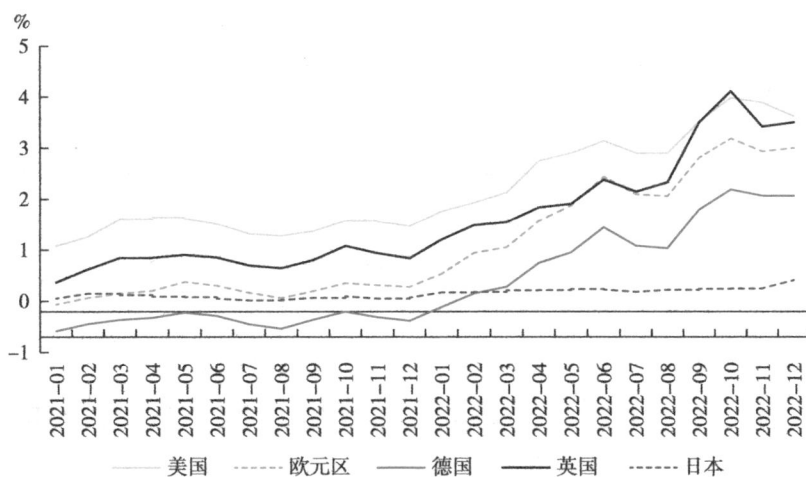

图 7 - 11　2022 年全球政府债券收益率
（资料来源：圣路易斯联储）

三、对外汇市场的影响

能源危机期间，能源价格上涨在一定程度上促使欧元对许多其他货币贬值。首先，由于欧盟是能源净进口地区，能源价格高企导致贸易条件恶化，削弱了欧盟经济增长前景。在国际贸易中，以较高的价格维持进口量会导致购买力从欧元区转移到世界其他地区，这对于能源贸易逆差较高的欧盟国家来说尤为如此。其次，全球货币政策收紧步伐的差异也导致了欧元的疲软，促使欧元对美元自 2003 年以来首次跌破平价。具体而言，在欧盟于 2022 年 7 月加息之前，美国已率先 3 次加息。最后，能源危机、经济前景恶化以及欧元波动加剧了欧盟区域内的不确定性，降低了欧元区资产对外国投资者的吸引力，促使全球投资组合和银行资金流动对欧元区外个别国家货币政策立场的变化敏感。以能源危机期间欧元和 TTF 天然气为例，随着 TTF 天然气价格的上涨，欧元呈现走弱态势，具体如图 7 – 12 所示。

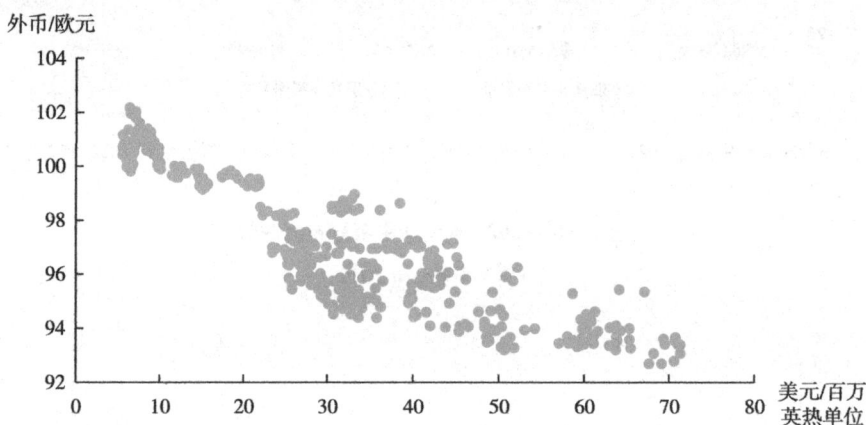

注：横轴为 TTF 天然气价格；纵轴表示欧元有效汇率，即欧元与一篮子外币之间双边汇率的加权平均值。样本期为 2021 年 1 月 1 日至 2022 年 12 月 31 日。

图 7 – 12　2022 年欧元有效汇率与天然气价格的关系
(资料来源：欧洲中央银行、路孚特)

第三节　能源类大宗商品在资产配置中的作用

一、能源类大宗商品在能源危机中的表现

(一) 全球天然气在能源危机中的表现

天然气作为受影响最大的能源，在能源危机期间经历了全球范围内的价格大幅上涨。首先，欧洲天然气在能源危机期间一度上涨将近 9 倍。2021 年初 TTF 天然气价格仅为 7. 123 美元/百万英热单位，2022 年 9 月一度上涨至 71. 048 美元/百万英热单位，上涨幅度高达 897% 。其次，北美天然气所受影响相对较小，最高上涨将近 3 倍。2021 年初亨利港天然气价格仅为 2. 581 美元/百万英热单位，2022

年 8 月最高涨至 9.375 美元/百万英热单位，上涨幅度为 263%。最后，亚洲液化天然气（JKM）也受到较大冲击，最高上涨幅度为 11 倍左右。2021 年初 JKM 天然气价格为 6.57 美元/桶，2022 年 8 月一度高达 80.6 美元/桶，上涨幅度高达1127%，具体如图 7 – 13 所示。

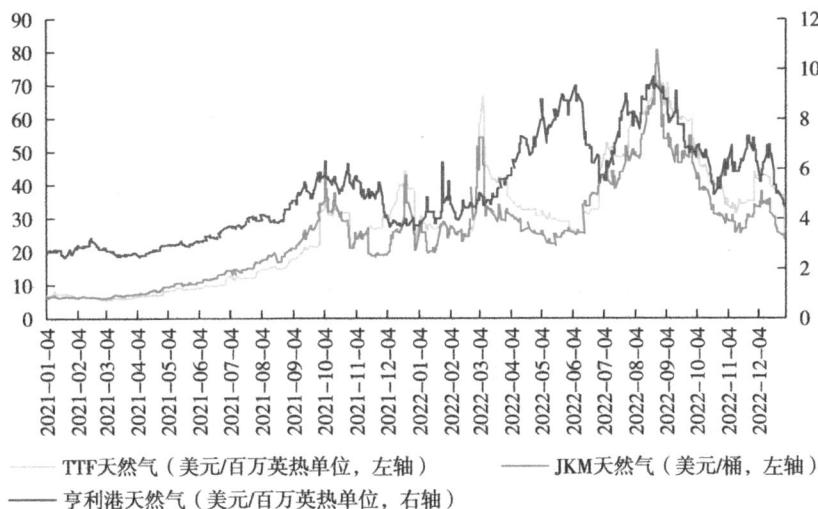

图 7 – 13　能源危机期间全球天然气价格

（资料来源：路孚特）

（二）全球原油在能源危机中的表现

由于供给主体相对多元且受俄乌冲突影响较小，全球原油在能源危机期间所受影响弱于天然气。首先，欧洲原油在能源危机期间一度上涨 1.5 倍。2021 年初布伦特原油价格仅为 51.09 美元/桶，2022 年 3 月一度上涨至 127.98 美元/桶，上涨幅度高达 150%。其次，北美原油（WTI）所受影响有所延迟，最高上涨将近1.5 倍。2021 年初 WTI 原油价格仅为 47.62 美元/桶，2022 年 6 月最高涨至122.11 美元/桶，上涨幅度为 156%。最后，亚洲原油所受冲击时间较长，最高上涨幅度达 1.5 倍左右。2021 年初上海原油价格为 313.9 元/桶，2022 年 8 月一度高达 791.3 元/桶，上涨幅度高达 152%，具体如图 7 – 14 所示。

（三）全球煤炭在能源危机中的表现

全球煤炭在能源危机期间所受影响介于天然气和原油之间。首先，欧洲鹿特丹煤炭价格在 2021 年初仅为 69.3 美元/吨，能源危机前半程中在 2021 年 10 月由需求拉动上涨至 247.75 美元/吨，涨幅为 258%。在能源危机后半程中，鹿特丹煤炭价格在 2022 年 3 月因供给冲击上涨至 436.5 美元/吨，相比 2021 年上涨幅度高达 530%。其次，澳洲煤炭所受影响时间相对较长，纽卡斯尔煤炭价格在 2021

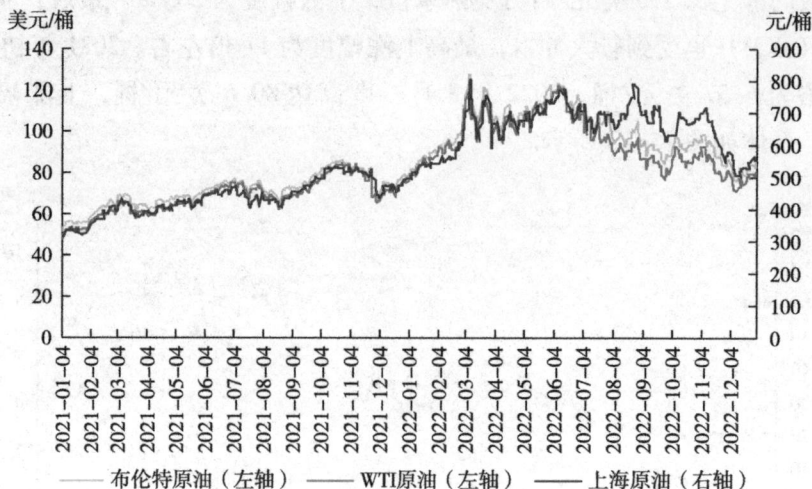

图 7-14　能源危机期间全球原油价格

（资料来源：路孚特）

年初仅为 81.2 美元/吨，能源危机前半程中在 2021 年 10 月由需求拉动上涨至 269.5 美元/吨，涨幅为 232%。在能源危机后半程中，纽卡斯尔煤炭价格在 2022 年 9 月因供给冲击上涨至 457.8 美元/吨，相比 2021 年上涨幅度高达 464%。最后，非洲煤炭所受影响相对较小，理查兹港煤炭价格在 2021 年初仅为 85.7 美元/吨，能源危机前半程中在 2021 年 10 月因需求拉动上涨至 231.65 美元/吨，涨幅为 170%。在能源危机后半程中，理查兹港煤炭价格在 2022 年 3 月因供给冲击上涨至 427.5 美元/吨，相比 2021 年上涨幅度高达 399%，具体如图 7-15 所示。

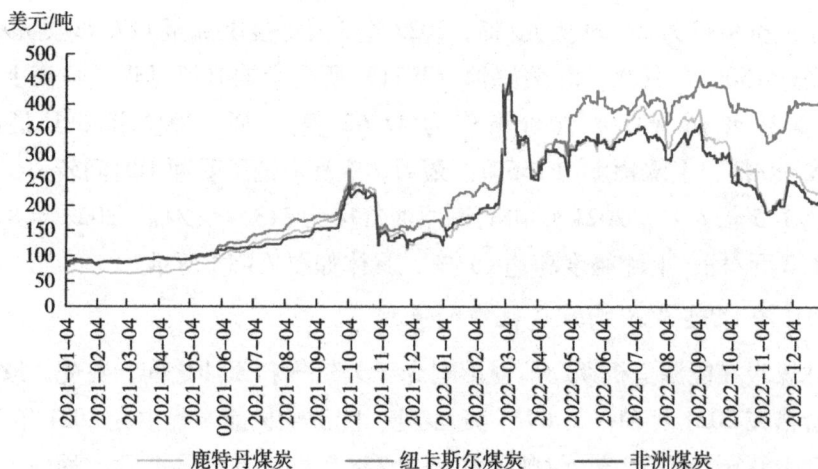

图 7-15　能源危机期间全球煤炭价格

（资料来源：路孚特）

二、大宗商品助力抵御通货膨胀

大宗商品凭借与通货膨胀之间的密切联系成为抵御通货膨胀的有效工具。通货膨胀分为需求拉动型和成本推动型，而能源和食品相关大宗商品是构成生产生活成本的重要因素，因而与成本推动型通货膨胀密切相关。在本轮能源危机中，天然气和石油等能源大宗商品以及部分农产品大宗商品价格大幅上涨，共同推动通货膨胀持续增长，因而相关品种的价格及收益与通货膨胀水平联系紧密。大宗商品现货和期货价格上升带来的投资收益能够较好地抵御通货膨胀对购买力的侵蚀。此外，凭借与股票和债券等金融资产的低相关性，将大宗商品纳入传统投资组合能够较好发挥多元化投资的作用。

通过对比分析不同类别资产的收益与通货膨胀之间的相关性，可以发现仅大宗商品的投资收益与通货膨胀正相关。具体而言，通过分析1900—2022年不同类别资产的实际收益与通货膨胀之间的相关系数发现，无论是股票市场、债券市场还是货币市场，其实际收益和通货膨胀之间的相关系数均为负数，而商品现货、商品期货以及黄金等大宗商品的实际收益与通货膨胀之间的相关系数均为正，具体如图7-16所示。换言之，在发生通货膨胀时大宗商品通常能够获取正的收益，从而达到抵御通货膨胀的作用。

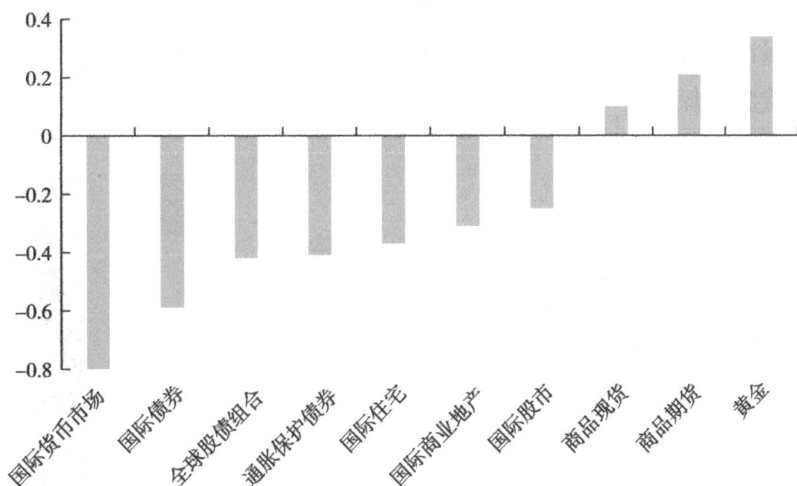

注：全球股债组合表示60%的全球股票和40%的全球债券的投资组合。

图7-16　1900—2022年不同类别资产的实际收益和通货膨胀之间的相关性

[资料来源：瑞士信贷银行（Credit Suisse）]

能源危机期间，能源大宗商品价格受到较强支撑，价格涨幅远超通货膨胀水平。2022 年，欧盟年度通胀水平为 8.8%，远低于 TTF 天然气、WTI 原油以及鹿特丹煤炭价格 145.0%、62.0% 和 263.8% 的上涨幅度。同时，美国 2022 年通货膨胀水平为 8.0%，远低于 WTI 原油和亨利港天然气价格 152.2% 和 60.5% 的上涨幅度，具体如表 7 – 1 所示。鉴于此，在能源危机期间，如能在投资组合中合理配置大宗商品，则能较好达到抵御通货膨胀侵蚀的作用。

表 7 –1   **2022 年欧美能源价格涨幅与通货膨胀**

资产类别	欧盟	美国
天然气	145.0%	152.2%
原油	62.0%	60.5%
煤炭	263.8%	—
通货膨胀	8.8%	8.0%

资料来源：世界银行、路孚特。

注：能源价格涨幅以年内最高值计算。

    为免受通货膨胀影响，先锋领航（Vanguard）构建了战略投资组合，由股票、债券和大宗商品等产品构成。该投资组合的通货膨胀贝塔值为 1，可以完全覆盖通货膨胀对投资组合的负面影响。其中，美股在投资组合中的占比为 17%，全球股票占比为 30%，大宗商品占比为 13%，美债占比为 24%，全球债券占比为 16%，具体如图 7 –17 所示。先锋领航的抗通货膨胀战略投资组合充分利用大宗商品在对冲通货膨胀方面的作用，通过较小比例的大宗商品头寸为整个投资组合提供通货膨胀保护。

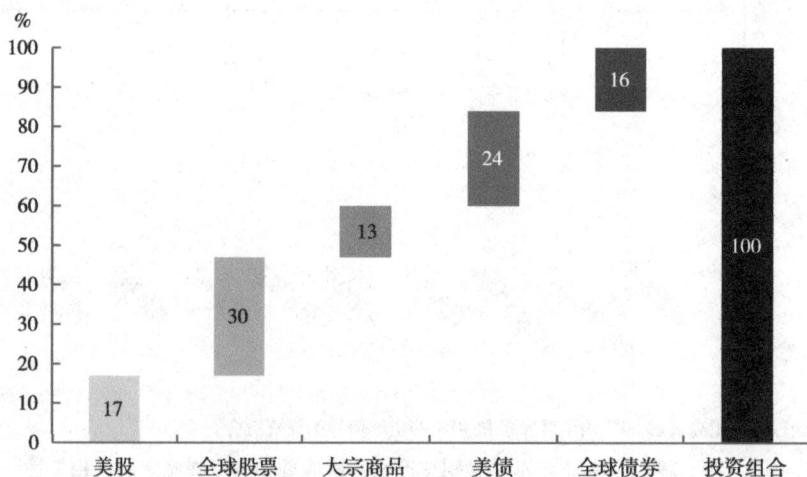

图 7 –17 先锋领航抗通货膨胀战略投资组合的资产配置结构

（资料来源：先锋领航）

在整个投资组合中，大宗商品在对冲通货膨胀中发挥了重要作用。具体来看，大宗商品通过13%的配置比例提供了98%的通货膨胀贝塔贡献度，显示出较强的通货膨胀对冲功能。与此同时，先锋领航战略性投资组合中的全球股票和美股显示出一定的通货膨胀对冲功能，对投资组合通货膨胀贝塔的贡献度分别为13%和7%。此外，组合中的美债和全球债券未能跑赢通货膨胀，对整个组合的通货膨胀贝塔贡献度分别为－10%和－8%，具体如图7－18所示。

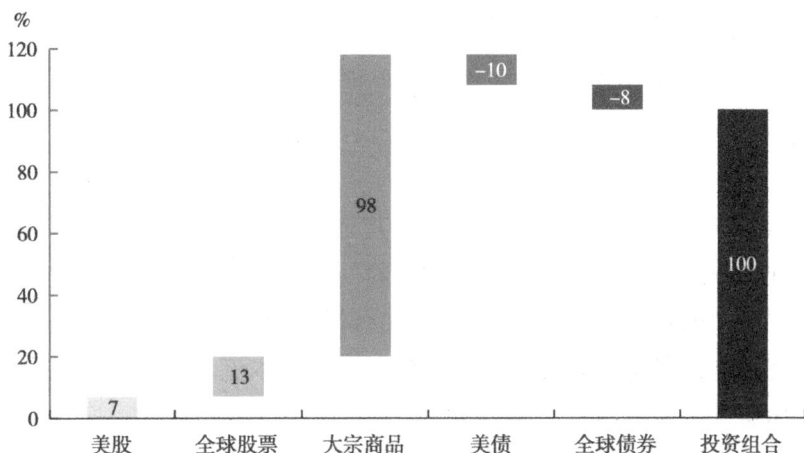

图7－18　先锋领航抗通货膨胀战略投资组合中各资产通货膨胀贝塔贡献
（资料来源：先锋领航）

三、商品衍生品助力价格风险管理

商品衍生品是对冲现货价格风险的有效工具。在能源危机期间，能源价格大幅上涨，能源需求方的成本直线上升，如果能源需求方预先利用能源衍生品进行套期保值，则可以在能源危机期间提前锁定能源价格，利用期货端的盈利部分或全部抵消能源现货的成本上升，从而有效防范能源价格的上涨风险。与此同时，能源供给方在能源危机期间使用能源衍生品，也能提前锁定能源生产成本，防范能源价格后期下跌的风险。

西南航空是利用商品衍生品管理价格风险的典型案例。燃油费用是航空公司成本的重要组成部分，仅次于人工成本。为防范能源价格波动造成燃料成本上升，影响公司盈利和经营持续性，西南航空长期对航空燃油进行套期保值，通过商品期货和期权提前锁定燃料价格。据统计，1998—2008年，西南航空通过套期保值长期获取较低的燃料成本，大约节省了35亿美元，相当于公司同期利润的83%。在本轮能源危机中，西南航空在2023年底已对后续年份的航空燃油进行不同程度的套期保值，所运用的商品衍生品包括 WTI 原油和布伦特原油期货及期权，具体如表 7－2 所示。

表 7－2　　　　　　　　　　　　　西南航空套期保值安排

年份	2023 年已套期保值燃料/百万加仑	商品衍生品工具
2024	1265	WTI 原油、布伦特原油
2025	1033	布伦特原油
2026	358	布伦特原油

资料来源：西南航空。

注：2023 年已套期保值燃料表示截至 2023 年底已完成套期保值的后续年份的燃料。

结语

2024 年，全球能源需求小幅增长，尤其是可再生能源需求快速扩张，相关的大宗商品（如铜、锂等电池金属）将迎来新的投资机会。这些金属是可再生能源基础设施建设和电池储能系统中不可或缺的材料。此外，不同地区的能源需求和政策差异将影响大宗商品的市场表现，改变全球资本流动格局，大宗商品市场分散风险的功能将更为凸显。

参考文献

［1］中国人民银行. 2023 年人民币国际化报告［R/OL］. http：//www. pbc. gov. cn/goutongjiaoliu/113456/113469/5114765/2023102720175126516. pdf.

［2］兴业证券. 中东资金在买什么（2023）［EB/OL］. http：//www. csrc. gov. cn/csrc/c101900/c1029652/content. shtml.

［3］中欧陆家嘴国际金融研究院. 2023 全球资产管理中心评价指数报告［R/OL］. https：//cliif. ceibs. edu/zgzxyj.

［4］中欧陆家嘴国际金融研究院. 全球资产管理中心评价指数报告（2021）［R/OL］ https：//cliif. ceibs. edu/zgzxyj.

［5］A. Aslund（2007）. The Truth about Sovereign Wealth Funds, Foreign Policy ［EB/OL］. https：//foreignpolicy. com/2007/12/03/the – truth – about – sovereign – wealth – funds/.

［6］Asset Management – Overview. Principles and Terminology：ISO 55000：2014. ［S/OL］. https：//www. iso. org/standard/55088. html.

［7］AVIVA. Real Assets in A Shifting Landscape（2023）［EB/OL］. https：//www. avivainvestors. com/en – gb/capabilities/real – assets/real – assets – study – 2024 – online/.

［8］Balding, Christopher, A Portfolio Analysis of Sovereign Wealth Funds（2008）［EB/OL］. http：//dx. doi. org/10. 2139/ssrn. 1141531.

［9］Blackburn, J., DelVecchio, B., Fox, I., Gatenenio, C., Khayum, O., and Wolfson, D. Do Sovereign Wealth Funds Best Serve the Interests of their Respective Citizens? Chicago：University of Chicago Graduate School of Business, 2008.

［10］Blas, J. Shrinking Sovereign Wealth Funds are Ducking Davos（2016）［EB/OL］. http：//www. bloomberg. com/news/articles/2016 – 01 – 19/the – incredible –

shrinking – wealth – funds – that – are – ducking – davos.

［11］BNP Paribas. Taking Action：Institution Investors Progress on the Path to Sustainability（2024）［EB/OL］. https：//securities. cib. bnpparibas/global – esg – survey – 2023/.

［12］Carla Fried. Political Football：Inclusion of ESG Funds in 401（k）s［EB/OL］（2024）. https：//anderson – review. ucla. edu/political – football – inclusion – of – esg – funds – in – 401ks/.

［13］Casaburi, I. and Broggi, C. B.（eds）（2015）. The Internationalization of Chinese Companies and Their Presence in Europe. Barcelona：Esade［EB/OL］. https：//www. researchgate. net/publication/293803372 _ The _ Internationalization _ of _Chinese _ Companies _ and _ Their _ Presence _ in _ Europe.

［14］Chakrabortty, A.（2014）. "Dude, Where's My North Sea Oil money?" Guardian［EB/OL］. https：//www. theguardian. com/commentisfree/2014/jan/13/north – sea – oil – money – uk – norwegians – fund.

［15］Clark, G. L. , Dixon, A. D. , & Monk, A. H. B. Sovereign Wealth Funds：Legitimacy, Governance, and Global Power. Princeton University Press, 2013.

［16］Climate Bonds. Green Bond Pricing Paper（2023）［EB/OL］. https：//www. climatebonds. net/resources/reports/green – bond – pricing – paper – h1 – 2023.

［17］Cumming, Douglas, Wood, Geoffrey, Filatotchev, Igor and Reinecke, Juliane, ? The Oxford Handbook of Sovereign Wealth Funds, Oxford University Press, 2017.

［18］Deloitte, Global Pension Industry Investment Trend（2024）［EB/OL］. https：//www2. deloitte. com/us/en/pages/consulting/articles/global – pension – industry – investment – trends. html.

［19］Dewi John. Everything Green Flows（2024）［EB/OL］. https：//lipperalpha. refinitiv. com/reports/2024/04/everything – green – flows – q1 – 2024 – sustainable – equity – bucks – the – trend.

［20］Elizabeth Harnett, James Mitchell. Financing the Transition：Four Trends to Watch in 2024（2024）［EB/OL］. https：//rmi. org/financing – the – transition – four – trends – to – watch – in – 2024/.

［21］Esther Whieldon, Jennifer Laidlaw, Matthew MacFarland. After SEC rulemaking, assessing the US climate disclosure landscape（2024）［EB/OL］. https：//www. spglobal. com/esg/insights/featured/special – editorial/after – sec –

rulemaking – assessing – the – us – climate – disclosure – landscape.

［22］Flintsch G W, Bryant J. Asset Management Data Collection for Supporting Decision Processes［J］. Federal Highway Administration, 2006.

［23］Hoepner, Andreas G F; Oikonomou, Ioannis; Sautner, Zacharias; Starks, Laura T; Zhou, Xiao, ESG Shareholder Engagement and Downside Risk (2024)［EB/OL］. https：//www. zora. uzh. ch/id/eprint/237536/1/rfad034. pdf.

［24］Jean – Pierre Aubry, Yimeng Yin. Public Pension Funded Levels Improve Amidst Rising Interest Rates (2023)［EB/OL］. https：//crr. bc. edu/public – pension – funded – levels – improve – amidst – rising – interest – rates/.

［25］Jory, Surendranath R.; Perry, Mark J.; Hemphill, Thomas A. (2010). "The role of sovereign wealth funds in global financial intermediation. " Thunderbird International Business Review 52 (6)：589 – 604. http：//hdl. handle. net/2027. 42/78242.

［26］J P Morgan. EU SFDR Explained：A guide to the EU Sustainable Finance Disclosure Regulation for investors (2023)［EB/OL］. https：//am. jpmorgan. com/gb/en/asset – management/institutional/investment – strategies/sustainable – investing/understanding – SFDR/.

［27］J P Morgan, Outlook 2024 Key Takeaways (2024)［EB/OL］. https：//www. jpmorgan. com/insights/outlook/market – outlook/2024 – outlook – key – takeaway.

［28］IIA. Index Industry Association 2023 ESG survey (2024)［EB/OL］. https：//www. indexindustry. org/wp – content/uploads/IIA – 2023 – ESG – Survey – Full – Report. pdf.

［29］International Monetary Fund. Global Financial Stability Report：Risk Taking, Liquidity, and Shadow Banking – Curbing Excess while Promoting Growth［R］. Washington, DC：IMF, 2014.

［30］International Monetary Fund. Global Financial Stability Report：Navigating Monetary Policy Challenges and Managing Risks［R］. Washington, DC：IMF, 2015.

［31］Lewis W A. Theory of Economic Growth［M］. Routledge, 2013.

［32］Luisa & Daniela (2012). Sovereign Wealth Fund Investments in the Banking Industry, Departmental Working Papers 2012 – 24, Department of Economics, Management and Quantitative Methods at Università degli Studi di Milano.［EB/OL］. https：//ideas. repec. org/p/mil/wpdepa/2012 – 24. html.

［33］Kahn R N. The Future of Investment Management ［M］. CFA Institute Research Foundation, 2018.

［34］Malan, R. , & Alexandroff, A. The New Frontiers of Sovereign Investment. ? Columbia University Press, 2017.

［35］Mona Dohle. Climate Investors Turn towards Transition Funds（2023）［EB/OL］. https：//www. netzeroinvestor. net/news – and – views/briefs/climate – investors – turn – towards – transition – funds.

［36］Morgan Stanley. Sustainable Funds Returned to the Long – Term Trend of Outperformance in 2023（2024）［EB/OL］. https：//www. morganstanley. com/ideas/ sustainable – funds – performance – 2023 – full – year.

［37］MorningStar, Global Sustainable Fund Flows：Q1 2024 in Review（2024）［EB/OL］. https：//assets. contentstack. io/v3/assets/blt4eb669caa7dc65b2/bltc4c7 114f9f208d6b/662fe107b000392869b5cb75/Global _ ESG _ Q1 _ 2024 _ Flows _ Report. pdf.

［38］Organization for Economic Cooperation and Development. Asset Management for the Roads Sector, Road Transport and Intermodal Linkages Research Programme ［R］. Paris：OECD, 2001.

［39］Patrick Bolton et al. Sovereign Wealth Funds and Long – Term Investing. Columbia University Press, 2012.

［40］Patrick H T. Financial development and economic growth in underdeveloped countries ［J］. Economic Development and Cultural Change, 1966, 14（2）：175 – 189.

［41］Petchrompo S, Parlikad A K. A Review of Asset Management Literature on Multi – Asset Systems ［J］. Reliability Engineering & System Safety, 2019, 181：181 – 201.

［42］Preqin. Alternatives in 2024 ［EB/OL］. https：//go. preqin. com/ alternatives – in – 2024 – lps.

［43］Preqin. Future of Alternatives 2028 ［EB/OL］. https：//web. preqin. com/ insights/research/reports/future – of – alternatives – 2028 – a – technical – overview.

［44］PRI. A Practical Guide to ESG Integration for Equity Investing（2024）［EB/OL］. https：//www. icgn. org/sites/default/files/2021 – 08/PRI _ apracticalguidetoes gintegrationforequityinvesting. pdf.

［45］PRI. Increasing Climate Ambition, Decreasing Emissions（2023）［EB/

OL]. https：//www. unepfi. org/wordpress/wp – content/uploads/2023/10/NZAOA – Third – Progress – Report. pdf

[46] PWC (2023), 2023 Middle East Climate Tech report [EB/OL]. https：//www. pwc. com/m1/en/esg/2023 – middle – east – climate – tech – report. html.

[47] Robinson J. The Production Function and the Theory of Capital [J]. The Review of Economic Studies, 1953, 21 (2)：81 – 106.

[48] Sanne Wass. Green Bond Greenium′Is Evident Globally (2021) [EB/OL]. https：//www. spglobal. com/marketintelligence/en/news – insights/latest – news – headlines/green – bond – greenium – is – evident – globally – especially – strong – for – us – dollar – debt – 66609073.

[49] Setser, B. (2008). ? Sovereign wealth and sovereign power?: the strategic consequences of American indebtedness. Council on Foreign Relations.

[50] Thinking Ahead Institute. Global Pension Assets Study (2024) [EB/OL]. https：//www. thinkingaheadinstitute. org/research – papers/global – pension – assets – study – 2024/.

[51] Truman, E. M. (2010). ? Sovereign Wealth Funds?: Threat or Salvation?? (1st ed.). Peterson Institute for International Economics.

[52] U. S. Department of the Treasury. Principles for Net – Zero Financing & Investment (2023) [EB/OL]. https：//home. treasury. gov/system/files/136/NetZero Principles. pdf.

[53] World Bank. Doing Business 2020 [R]. Washington, DC, 2020.